Handbuch
für die
Kunst des Springens

Titel der englischen Originalausgabe:
„Hints on the Art of Jumping“

Herausgeber: Ummon

Übertragung ins Deutsche
durch Hans-Curt Flemming (Prasad)
nach einer Überarbeitung
der englischen Originalausgabe

CEC

ISBN 3 90527603 8

Deutsche Erstveröffentlichung 1987
von Cosmic Energy Connections (CEC)
für The Wild Goose Company Association
Postfach 315
CH-8044 Zürich, Schweiz

1. Auflage 1987
2. Auflage 1988

Zeichnungen: Manasa
Graphische Gestaltung: Pujari, Punita, Manisha
Umschlagentwurf: Manisha, Bharata
Foto: Jnani
Gesamtherstellung: windhueter kollektiv, Schorndorf

Michael Barnett

Handbuch für die Kunst des Springens

Aus dem Englischen übersetzt von
Hans-Curt Flemming
(Prasad)

Bücher von Michael Barnett:

Titel in Englisch:
People Not Psychiatry (1973)
Energy and Transformation (1981)
The You Book (1981)
Budding Your Buddha (1982)
AS IT IS IS IT (1982)
Nobody Knows My Name (1985)
Hints on the Art of Jumping (1986)
The Soma Road (1986)
The Greatest Teaching There Is (1987)
Song of the Wild Goose (1987)
At Heaven's Gate (1988)
This Other Cup Of Purple (1988)

Titel in Deutsch:
Handbuch für die Kunst des Springens (1987)
Der Soma Weg (1987)
Es gibt nichts Besseres (1987)
Ans Heilige Tor (1988)

Titel in Dänisch:
Mod Havet (1987)

Titel in Holländisch:
Wijs en Waarachtig –
Een Visie op Energie en Transformatie (1988)

Titel in Italienisch:
Persone non Psichiatrie (1980)
Soma – La Via Bellissima (1988)

„Jack Baron“ Barnett gewidmet,
dem Vater der Väter

Gemäß der Sichtweise des Mannes
aus den Bergen ...

Rinzai

"Men climb mountains
because where the mountain ends,
the sky begins.

But the point is
everywhere on the mountain
the sky begins.
All you have to do
is to jump."

„Menschen klettern die Berge hoch,
denn wo der Berg endet,
beginnt der Himmel.

Aber worauf es ankommt:
überall auf dem Berg
beginnt der Himmel.
Alles, was du tun mußt,
ist Springen."

MB

Inhalt

Vorwort

Im „Handbuch für die Kunst des Springens“ finden sich 14 Vorträge, *Talks,* die Michael Barnett im Laufe mehrerer Monate vor seinen Schülern gehalten hat. Sie wurden direkt vom Tonband abgeschrieben und kaum verändert. Da sie vor Leuten gehalten wurden, die schon länger mit ihm arbeiten, bezieht er sich natürlich manchmal auf Aspekte dieser Arbeit in der Wild Goose Company *) und dem damaligen „Hauptquartier“ in der Belsitostraße in Zürich. Wenn aus dieser Vertrautheit für den Außenstehenden manches etwas unverständlich erscheint, hilft das Glossar am Ende des Buches. (Begriffe, die dort erklärt werden, sind im Text mit *) gekennzeichnet.) Öfters spricht Michael auch zu oder von Leuten mit seltsamen Namen – das sind Goose Namen *).

In diesem Handbuch gibt er Hinweise, Tips für die Möglichkeiten, aus dem eigenen, subjektiven Gefängnis herauszukommen – zu springen – und sich einem Zustand innerer Freiheit, Ganzheit und Entfaltung zu öffnen, den sich die spirituellen Sucher in aller Welt wünschen und der ein Teil der „Erleuchtung“ sein könnte.

Auf dem Weg gibt es immer wieder „Meister“, denen man begegnet und sofort weiß: ‘der hat es’. Sofort kommen die Zweifel und auch dieses Gefühl von Unabhängigkeit – ‘ich brauche keinen, der mir auf die Sprünge hilft’ – dieser Stolz, der es nicht zuläßt, sich auf diesem Weg helfen zu lassen, ja, der nicht einmal zuzugeben erlaubt, daß ein anderer schon ‘weiter’ sein könnte... und es kommt die Angst vor neuerlicher Abhängigkeit.

Aber es gibt auch ihn, diesen leisen, objektiven Beobachter im Innern, der ganz genau sagt, was gerade 'wahr' ist und was nicht – es *gibt* diesen Beobachter, dessen Stimme wir meistens so gründlich überhören. Und der meldet uns solche Meister sofort. Dieser Beobachter reagiert schon auf die bloße Gegenwart eines Menschen, und Worte können diese Reaktion häufig nur vernebeln. Warum also ein ganzes Buch voller Worte, wo es doch die *direkte* Begegnung ist, die wirklich verändernd wirkt?

„Die Worte haben so etwas wie einen Kometenschweif", sagt Michael, sie können etwas ganz anderes transportieren als nur ihren Inhalt. Sie können etwas berühren, vielleicht eine Sehnsucht nach der Tiefe, aus der sie gekommen sind. Sie können infizieren mit dieser Sehnsucht, mit dem Gefühl, das eigene Leben nicht so vollständig und intensiv zu leben, wie es im Innern angelegt ist. Um die eigene, für jeden Menschen verschiedene Einzigartigkeit zu entfalten, braucht man hin und wieder Hilfe. Und die kann sehr viel anders aussehen als wir uns das vorstellen. Meistens sind gerade diese Vorstellungen – die Bilder, die wir von uns selbst und vom Leben haben, davon, wie es abzulaufen hat – die Hindernisse, auf diesem Weg weiterzugehen. Wir nehmen mehr oder weniger hinterfragte äußere Wahrheiten an und decken damit unsere inneren Wahrheiten zu, ja, verhindern sogar, daß wir sie überhaupt erkennen können.

Sind Michaels *Talks* nicht auch äußere Wahrheiten? Es gibt eine einfache Methode, das herauszufinden: indem wir auf diesen 'inneren Beobachter' lauschen: steht die äußere Wahrheit in Resonanz mit der inneren? Dabei können die Wahrheiten völlig verschieden sein. Und es mag sein, daß nur ein oder zwei Sätze im ganzen Buch diese innere Wahrheit zum Klingen bringen. Michael bietet eine Art Instrument, eine Wünschelrute fürs Innere. Manchmal schlägt sie aus, vielleicht in eine ganz unerwartete Richtung...

Der Neujahrsabend 1985/86 in der Belsitostraße war ein ganz besonderer Abend. Sich in dieser Kommune oder Mysterien-Schule – oder wie man es auch immer nennen mag – aufzuhalten, ist immer etwas Besonderes, farbig und gefährlich. Aber diese Nacht war ungewöhnlich *ungewöhnlich. Nach einem ausgelassenen Fest mit einer großartigen, spontanen Trommel-Session trat eine tiefe „Belsito-Stille“ ein. Danach blieb Ufo ungefähr eine Stunde lang in einer unbeweglichen Konzentration sitzen. Michael nützte die Gelegenheit, um ihm eine* „Einzelsession“ *zu geben, und ermutigte ihn auf verschiedenste Weise zu SPRINGEN – was so etwas heißen sollte wie: Aufstehen, alles Aufgeben und völlig Frei- und Authentisch-Sein.*

Ufo bewegte sich nicht. Er steckte in einer Klemme, in der totalen Konfrontation mit dem absurden Problem der Sucher aller Zeiten: was kann man tun, um das Tun zu beenden? Wie kann man sich einfach dem Leben hingeben?

Michael versucht, die Menschen zu dieser Art von Sprung zu bewegen. Schwer zu sagen, ob Ufos plötzliches Bedürfnis nach Hilfe beim Springen Michael zum Thema der folgenden Talks *inspirierte, aber es paßt gut zusammen.*

Am 2. Januar, um acht Uhr morgens, als alle zum ‘Morning Talk’ *versammelt waren, begann Michael damit, seine Tips für die Kunst des Springens zu erläutern:*

Der erste Tip:

Sei nicht altmodisch!
Dies ist
die Epoche nach dem Ego!

Heute morgen beginnen wir mit einer neuen Reihe von *Talks.* Jedesmal gebe ich euch einen anderen Tip. Ihr müßt euch auswählen, welche für euch bestimmt sind, und schauen, ob ihr springen könnt – und dann ist alles vorbei.

Eine *gatha**) aus früheren Zeiten: „Männer...“ – Frauen natürlich auch, ihr wißt, daß ich euch nicht ausschließe, nicht wahr? Es ist eine alte Konvention, und ich bin ein alter Mann, deshalb klebe ich immer noch an den alten Konventionen. Nun darf man ja nicht mehr ‘Amtsmann’ sagen, man müßte auch ‘Amtsmännin’ sagen und der Sprache alle möglichen Veränderungen antun; man darf nicht mehr nur noch „Männer“ sagen. Man muß „Frauen“ oder „Personen“ oder „Menschen“ oder sonstwas sagen. Aber ich bin eben ein bißchen altmodisch...

Die *gatha*: „Männer...“ und Frauen...

(Gelächter im Publikum. Wird Michael es schaffen, das Gedicht zu rezitieren? Aber er findet den Faden:)

„Männer und Frauen klettern die Berge hoch, denn wo der Berg endet, beginnt der Himmel. Aber worauf es ankommt: überall auf dem Berg beginnt der Himmel. Alles, was du tun mußt, ist Springen.“

An jedem Punkt der Reise ist es möglich zu springen. Die Schwierigkeit liegt darin, daß du, solange du auf dem Weg nach oben bist, immer wieder auf den Berg zurückfällst – nur ein Stückchen weiter unten. Deshalb mußt du mit aller Kraft springen. Vielleicht hast du auf dem Weg zu diesem Punkt das Fliegen gelernt. Das würde dir sehr viel helfen. Und wenn du springst, dann mußt du es mit der Einsicht und der absoluten Entschlossenheit tun, daß du *nicht* wieder auf dem Berg landest – und sagst: „Oh, das war ein hübscher Sprung, diesmal bin ich wirklich weit gesprungen. Na, dann geht's mal wieder weiter zum Gipfel."

Du mußt ein für allemal springen. Du kannst es jederzeit tun, aber du mußt es ein für allemal tun. An dem Punkt, an dem du endgültig springst, mußt du dir klarmachen, daß jetzt Schluß ist mit dem Berg, daß das Spiel des Bergsteigens für dich vorbei ist.

Adieu, Berg! Adieu, Klettern! Adieu, Weg! Adieu, Irgendwo-hin-Kommen! Adieu, Selbst! Denn so lang du nicht mindestens ein paarmal gesprungen bist, bist DU das Klettern, bist derjenige, der klettert *und* der Berg.

Fritz Perls hat uns eine fundamentale Einsicht über Träume vermittelt. Er war ein großer Lehrer, der Begründer der Gestalt-Therapie und ein außergewöhnlicher Mensch: sehr direkt, human, und auf eine explosive Weise unmittelbar. Ursprünglich war er ein Freud-Schüler, dann machte er sich auf seinen eigenen Weg und schenkte der Welt die Gestalt-Therapie. Sie ist ein sehr wirksames Instrument, mit dem viele der Spiele aufgezeigt werden können, die wir mit uns selbst spielen. Er erforschte nicht nur die Konflikte, welche die Menschen mit sich selbst haben, sondern er verwandte Zeit und Therapiestunden auch dazu, mit Träumen zu arbeiten. Natürlich hatten schon viele Psychologen mit Träumen gearbeitet, aber Fritz Perls tat es mit einem Ansatz, der noch nie zuvor benutzt worden war, nicht einmal von Freud oder einem seiner anderen Schüler, auch nicht von Jung. Damit war er – soweit ich weiß – der erste, der darauf hinwies, daß in einem Traum jeder Teil und jeder Beteiligte ein Stück des Träumers selbst ist.

Jemand erzählt: „Im Traum letzte Nacht wurde ich von einem Drachen angegriffen, der versuchte, meine Finger mit einer Axt abzuhacken." Perls würde sagen: „Schön. Nun, sei erstmal derjenige, der fortrennt. Dann sei die Finger, die abgehackt werden sollen, und dann sei der Drache, der sie abhacken will. Denn das sind alles Teile von Dir selbst – entfremdet, projiziert auf andere

Leute, verdrängt." Und zur Identifikation mit dem Opfer würde er sagen: „Nein, du bist beides – der Tyrann *und* sein Opfer. Der Verfolger *und* der Verfolgte. Du mußt diese Teile deiner selbst wieder in Besitz nehmen. Und welche Bedeutung haben die Finger, die du dir abhacken wolltest?"

Indem er den Leuten etwas zurückgab, wovon sie nicht glauben konnten, daß es ein Teil ihrer selbst war, begann er, ihnen zurückzugeben, was sie verleugnet hatten. Er brachte sie dazu, Tendenzen in sich selbst kennenzulernen, die sie nicht wahrhaben wollten.

Nun, das Ersteigen eines Berges ist auch ein Traum. Es ist ein Tagtraum, aber nichtsdestoweniger ein Traum. Wenn du springst, läßt du dich selbst zurück, denn *du bist* der Berg, der Bergsteiger, der Weg, die Anstrengung, das Erreichen. Deshalb ist es schwierig, ein für allemal zu springen, wenn du nicht wirklich die Geheimnisse der ganz gewöhnlichen Lebensreise durchschaut hast.

Der erste Tip ist: zu erkennen, daß die Epoche des Ego, das dich am Berg fesselt und am Springen hindert, abgelaufen ist. Es ist altmodisch. Es gehört in die Geschichte der Menschheit, in die Vergangenheit. Es gehört ins Zeitalter von Krieg und Konflikt. Es gehört zum Verlangen nach persönlichem Erfolg und zu Errungenschaften auf Kosten anderer Leute: ich statt du, wir statt sie, dies statt jenes... *meine* Religion, *meine* Doktrin, *mein* Land, *meine* Familie, *mein* Selbst. Es ist altmodisch. Es ist Zeichen eines sehr beschränkten Einblickes in die eigene Natur. An solche Dinge zu glauben, ist ein Zeichen einer naiven, oberflächlichen Sicht seiner selbst.

Gerade gestern habe ich ein Buch über Philosophie gelesen. Ich lese nicht oft philosophische Bücher, aber dieses fand seinen Weg in meine Hände. Von einer lebenden Philosophin. Sie ist Ungarin – aber es wurde für mich übersetzt. Offensichtlich ist sie eine extrem intelligente Frau. Sie geht die Geschichte der Philosophie durch und arbeitet heraus, daß manche Philosophen in der Annahme übereinstimmen, daß es Dinge gibt, die außerhalb der materiellen Realität liegen. Für sie stellt das eine Kategorie der Philosophie dar. Sie akzeptiert diese Möglichkeit, aber für sie als Philosophin ist es ein bißchen erschreckend, daß da mehr sein soll als das, was zu sein scheint.

Nun kann ich einfach nicht verstehen – ich glaube, weil ich anders geartet bin –, wie jemand, der sein ganzes Leben der Erforschung der Natur der Realität widmet, erst so spät auf diese Frage trifft – ja oder nein – ob es etwas 'jenseits der materiellen Realität' gibt. Denn diese sogenannte materielle Realität schließt auch mich ein. Und ich habe erforscht, was direkt vor meiner Nase liegt. Ich habe ziemlich schnell und in zunehmendem Maße herausgefunden, daß es nicht nur etwas jenseits der materiellen Realität gibt, sondern daß in Wirklichkeit die materielle Realität nicht als Gegen satz zu einer spirituellen Realität existiert. Und ich sehe mich in keiner Weise intelligenter als Millionen von anderen Menschen – ich bin sicher, daß diese Frau auf ihre Weise viel intelligenter ist als ich. Aber sie behandelt diese Frage immer noch philosophisch.

Dafür braucht man aber nicht groß zu forschen.

Aber auch die Wissenschaftler können nicht all die Beweise akzeptieren, welche die Existenz von Dingen belegen, die nicht in die Kategorie „materielle Realität" passen. Ich las von einem Mann, der sehen konnte, ohne hinzuschauen. Man konnte ihn in eine bestimmte Richtung sehen lassen und dann ein Blatt Papier hinter ihm hochhalten, auf das etwas geschrieben war. Er sah genau in die entgegengesetzte Richtung. Er konnte sich ein Bild davon machen und vorlesen, was auf dem Blatt geschrieben stand. Eines Tages veranstalteten Leute, die an einer Erforschung dieser Fähigkeit interessiert waren, eine Vorführung für einen besonders bekannten Wissenschaftler. Sie stellten den Mann auf ein Podium, und er sah in einer bestimmten Richtung zum Fenster hinaus. Hinter ihm stellten sie eine große Tafel auf und schrieben etwas darauf. Während sie schrieben, las der Mann vor, was sie schrieben. Der Wissenschaftler konnte es nicht glauben. Er sagte: „Ihr müßt ihm gesagt haben, was ihr schreiben würdet. Also gebt mir die Kreide!" Er begann einige sehr ungewöhnliche mathematische

Gleichungen aufzuschreiben. Und der Mann las weiterhin, was geschrieben wurde, obwohl er unmöglich etwas von dem gewußt haben konnte, was der Wissenschaftler schrieb. Nur ein Fachmann auf diesem Gebiet hätte das verstehen können. Dieser Mann las einfach weiter, was geschrieben wurde. Der Wissenschaftler wurde wütend. Er wurde so zornig, daß ihm Schaum vor den Mund trat, weil er keine Erklärung für all das finden konnte. Schließlich stürmte er aus dem Raum. Er wollte damit nichts mehr zu tun haben. Es war ein Trick, aber er konnte nicht herausfinden, was für einer. Am nächsten Tag rief er die Leute an, aufgeschlossenere Wissenschaftler, die mit dem Mann arbeiteten. Er sagte: „Ich habe die Erklärung! Dieser Mann reimte sich das, was ich schrieb, aus dem Geräusch der Kreide auf der Tafel zusammen. Aus dem Quietschen der Kreide konnte er heraushören, welche Buchstaben ich auf die Tafel schrieb." Das war seine Erklärung. Nun, die ist wirklich magisch! Für mich ist es überhaupt kein Problem, das zu akzeptieren. Gewisse Menschen haben die Fähigkeit, Dinge zu sehen, die weit entfernt sind.

Es gibt einen kleinen Trick, den ich immer bei mir anwende, wenn ich mitten in der Nacht aufwache und denke „wie spät ist es?". Dann habe ich sofort ein Bild einer Uhr, und da lese ich die Zeit ab. Dann schaue ich auf meine Uhr, und es ist sehr selten, daß sie mehr als ein oder zwei Minuten abweicht von der Uhrzeit, die ich vorher gesehen habe.

Es ist zehn nach vier, alles ist dunkel, ich wache auf und gehe ins Bad, oder ich hole ein Glas Wasser und sage: „Wie spät ist es?" und weiß es sofort. Manchmal kommt die Zeit direkt, aber normalerweise bekomme ich ein Bild von einer Uhr. Es ist eine einfache Sache. Etwas in uns weiß jederzeit, wie spät es ist. Und ich habe immer gesagt, daß man nicht nur mit den Augen sieht. Jede Zelle in unserm Körper kann sehen und hören. Tatsache ist, daß du tausendmal besser hören und sehen kannst, wenn du mit deinem ganzen Selbst damit anfängst: mit deinem ganzen Körper, nicht nur mit den Organen, die für diese Aufgabe besonders geeignet sind. Wie ihr wißt, trage ich jetzt eine Brille zum Lesen. Ich kann Gedrucktes ohne Brille nicht mehr gut lesen. Aber wenn ich mit meiner Brille in die Bäume schaue, kann ich viel weniger sehen, als wenn ich sie absetze. Die Augenärzte sagen mir, daß ich auf einem Auge fast gar nichts mehr sehen kann. Nach ihren Maßstäben bin ich auf diesem Auge beinahe blind. Aber wenn ich in die Natur schaue, in die Welt, sehe ich mehr als ich jemals gesehen habe – jeden Tag scheine ich mehr sehen zu können als zuvor. Denn ich sehe nicht nur mit meinen Augen. Jeden Tag wird mein System – dank der Energie, die ihr mir gebt – feiner und feiner, immer empfindlicher, immer offener. Ich nehme immer mehr Signale auf, die in den gleichen Teil des Kopfes kommen, der auch die Signale von meinen Augen empfängt. So sehe ich auf eine vieldimensionale Weise. Aber die Augenärzte merken das nicht, sie wüßten auch nicht, wie man so etwas feststellen könnte.

Deshalb scheint es mir keine so schwierige Sache zu sein, zu sehen, was auf einer Tafel geschrieben wird, während man in eine andere Richtung schaut. Aber für einen Wissenschaftler ist das nicht zu akzeptieren. Daß es so etwas wie eine nicht-materielle Wirklichkeit geben könnte, ist für einen Philosophen nur eine von vielen Möglichkeiten zur Erforschung von Wahrheit und Schönheit.

Schaut nur hin, und ihr werdet es sehen. Denkt nicht so, wie es der Philosoph tut. Aber schaut.

Diese Philosophin sagt, daß die Philosophie ihren Fall darlegen muß – Schritt für Schritt – und zwar so, daß jeder gedanklich folgen und zu den gleichen Schlüssen kommen kann, ganz egal, wer nun der Philosoph ist. Aber sie kommt nicht auf den Gedanken, daß es Menschen gibt, die anders als mit dem denkenden Verstand zu ihren Schlüssen gelangen. Wenn ich zu euch sage: „Schließt die Augen und schaut auf die Hand, die auf eurem Knie liegt" – so, wie wir das in der Meditation der drei Ebenen*) tun – „bewegt euch in diese Richtung", dann teile ich etwas mit den Menschen, das sie auch selbst sehen können. Schritt für Schritt, ohne zu „denken", können sie selbst zu einem Schluß kommen, indem sie das Denken nur bis zu einem bestimmten Punkt benutzen. Aber die Bewegung findet nicht in Gedanken statt, sondern in Energie. In Ebenen der Energie. Warum sollte so etwas nicht auch in einer Philosophie von Wahrheit und Wirklichkeit zulässig sein – anders als über die Worte einer Sprache zu Erkenntnissen zu gelangen? Das ist bis jetzt noch nicht versucht worden. Es gibt keine solche Philosophie außerhalb der Wild Goose Company, abgesehen von ein paar wenigen andern Stellen, wo Ähnliches versucht wird. Warum sollte das nicht auch zur Philosophie gehören? Aber Philosophie ist genauso altmodisch wie das Ego. Wissenschaft ist altmodisch. Die Wissenschaft sagt, daß es unmöglich sei, mit geschlossenen Augen zu sehen. Das ist einfach altmodisch.

Berg, Bergsteiger und das Erreichen der Bergspitze sind eingebettet in Zeit. Der Berg ist der Schauplatz und die Bewegung auf seine Spitze zu, findet in dieser Zeit statt. Es dauert Zeit, vom Fuß des Berges zu seiner Spitze zu gelangen. Das Ego existiert nur in Raum und Zeit. Ohne Zeit könnte das Ego nicht sein. Das Ego ist die Bewegung dessen, was man „Selbst" nennt, durch die Zeit. Wenn du aber in diesen ewigen Moment gerätst, der weder Vergangenheit noch Zukunft ist, dann wird dein Ego augenblicklich aufhören zu existieren. Es kann nicht existieren. Im Augenblick dieser Erfahrung gibt es kein Ego.

Diese Erfahrung ist nur insofern mit dem verbunden, was du „Selbst" nennst, als sie in deine Realität hineinpaßt – in die Muster, die du in der Vergangenheit entwickelt hast, in die Zukunft, auf die du hoffst, die du für dich geplant hast oder die du geschehen lassen möchtest. Aber in jenem Augenblick ist es reine Erfahrung. Es gibt niemanden, der das erfährt, außer dem, der gerade vorhanden ist. Und im nächsten Augenblick gibt es einen anderen jemand, der dann die nächste Erfahrung macht.

Das Leben ist eine Reihe voneinander getrennter Momente – und in der Atomphysik wurde schon entdeckt, daß es sich mit den kleinsten Partikeln genauso verhält. Man sagt, daß alle Bewegungen sprungweise stattfinden. Das ist als Quantentheorie bekannt. Es gibt kein gleichmäßiges Kontinuum der Bewegung. Etwas ist hier, dann ist es fort. Vielleicht Millionen oder Milliarden Mal pro Sekunde. Es blitzt, alles blitzt auf, alles kommt und geht. Auch ihr seid hier, dann seid ihr wieder verschwunden. Und ein neues „Ihr“ ist hier – und verschwindet wieder. Und jedes „Ihr“, das kommt, macht eine Erfahrung, die nur zu einem ganz bestimmten Quant eures Selbst gehört. Aber wenn ihr merkt, daß ihr einen Berg hinaufsteigt, dann ist es wichtig zu glauben, daß ihr einen Schritt getan habt, dann noch einen, und im nächsten Moment kommt noch einer – bis ihr das Ende der Reise erreicht. Ein für allemal zu springen heißt, das ganze Vorhaben aufzugeben: dieses Konzept, daß es ein Vorhaben gibt – daß es jemanden gibt, der etwas vorhat.

Denkt nach über die Dinge, von denen ich heute morgen spreche und von denen ich in dieser ganzen Reihe reden werde. Obwohl ich darüber spreche, wie man gewissermaßen aus dem Denken herauskommt, müßt ihr nachdenken. Man kann nicht gedankenlos springen. Nur wenige, ganz besondere Menschen können das, und selbst sie haben auf ihre Art etwas durchs Denken gesehen. Man muß Gedanken benutzen, um herauszufinden, was das Denken ist. Wir müssen anwenden, was wir haben, um dessen Grenzen zu erfahren. Was darüber hinausgeht. Wir müssen einen Blick auf die Transzendenz erhaschen, bevor wir transzendieren können, und zwar von dort aus, wo wir *sind.* Anders geht es nicht. Nur ein Narr kann anders springen. Und er wird sich zu Tode stürzen, das ist sicher. Er wird nicht fliegen. Deshalb sollt ihr nicht solche Narren sein und einfach springen. Ich möchte, daß ihr auch die Wirklichkeiten erfaßt, die ihr bislang mehr oder weniger als absolut hingenommen habt, und seht, daß ihr in sie hineingehen könnt. Auf diese Weise ist es möglich, daß eine neue Sichtweise der Natur eures Selbst entsteht. Zum Beispiel ist der Weg, den ich euch immer wieder zeige und der in den *Drei Ebenen* enthalten ist, ein ungemein wirksames Hilfsmittel für dieses Hineingehen.

Nehmen wir zur Erläuterung die Eifersucht. Jeder in diesem Raum muß sie einmal im Leben erfahren haben. Eifersucht ist ein Gefühl, das in uns aufwallt, sehr mächtig, für manche Menschen übermächtig. Man kann sie nicht ignorieren; ich habe sie als Beispiel genommen, weil es wirklich schwierig ist, daraus eine Meditation zu machen. Sie ist solch eine Kraft, daß sie dich packt bevor du Zeit hast, aufzupassen – schon hat sie dich im Griff. Deshalb muß man sie ein wenig mit dem Verstand durchdringen. Wenn du in ein Gefühl von Eifersucht hineingehst, dann wirst du entdecken, daß es ein reines Energiegeschehen ist. Vielleicht hast du es auch schon herausgefunden. Aber das hilft nicht viel, weil es ein sehr gewaltiges Energiegeschehen ist. Und ganz gleich, wie du es nennst: es ist schwer, damit umzugehen. Aber wenn du noch ein wenig tiefer gehst und deine Intelligenz benutzt, dann findest du vielleicht dies: daß unter der Eifersucht noch ein tieferes Gefühl steckt. Und dieses tiefere Gefühl ist Angst. Es ist die Angst, daß dein persönliches Energiefeld oder deine Realität in Stücke geschlagen wird. Wenn du mit einem Menschen eine zeitlang sehr nah zusammen bist, dann wird er zu einem Teil deiner energetischen Realität. Er wird ein Teil des Gleichgewichts im Energiefeld des Kosmos, ein lokales Energiefeld. Da gibt es zuerst dein individuelles Feld, dann das von dir und deinem Geliebten oder deiner Familie, dann kommt der Kreis deiner Freunde, dein Bekanntenkreis, dann die Gesellschaft, in der du lebst und so weiter. All dies sind Energiefelder, die dich beeinflussen. Wenn du eines davon verlierst, besonders, wenn es das intimste ist, dann gibt es einen gewaltigen Aufruhr in deinem eigenen Energiefeld, der dich eine zeitlang verrückt machen kann. Unausgeglichen, in Panik, verloren, unharmonisch, entwurzelt, ohne Frieden. Und es ist die Angst vor alledem, die aus der Eifersucht diese aggressive Energie hervorbringt. Eifersucht ist eine aggressive Energie. Sie will die Person zerstören, die dir den Partner genommen hat – oder den Partner, der gegangen ist, oder beide, oder die ganze Welt. Sie ist eine zerstörerische Energie. Aber fast immer ist eine zerstörerische, eine gewalttätige Energie die Reaktion auf eine andere Art von Energie. Etwas, das dich verletzlich, schwach, verloren, hilfsbedürftig fühlen läßt, nach der Mami rufen läßt oder nach einem guten Freund, um dich zu beruhigen, weil du dich zerstört fühlst. Wir können es nicht aushalten, solche Dinge zu fühlen. Es ist leichter, eine aggressive Energie zu ertragen, weil man sich dann stark fühlt. Wenn du in die Eifersucht hineinschaust, dann wirst du sehen, daß sie die Angst verbirgt, dein Energiefeld könnte tiefgreifend gestört werden.

Das ist Tiefe. Das ist Reife. Das ist ein Weg, mit offenen Augen weiter ins Ego hineinzugehen. Wenn du aber mit der Eifersucht nach außen gehst, gibst du dem Ego Auftrieb, das ist sicher. Denn dann hat das Ego wirklich eine Chance durch die Eifersucht: es kann den andern anklagen, es kann versuchen, ihm die Schuld zuzuschieben. Sie ist eine sehr machtvolle Energie. Aber wenn diese Energie einen andern Weg nimmt und das Ego die Angst fühlt, die Unsicherheit, dann verliert die Eifersucht ihre Stärke. Und indem sie diese Stärke verliert, gibt sie dir natürlich eine Chance, sie zu durchschauen, zu sehen, was dahinter liegt, zu sehen, daß sie nicht notwendig ist. In diesem Moment habt ihr kein Ego mehr, und doch bleibt ihr am Leben.

Mittels dieser aggressiven Energie aus der Eifersucht herauszukommen, ist altmodisch. In sie hineinzugehen, in die Verwundbarkeit, in die Unsicherheit, ins Zittern um das, woran wir hängen und das wir nicht loslassen können – der Berg, der Bergsteiger, der Plan – darin liegt die Zukunft. Das ist der neue Weg. Das ist der neue Mann und die neue Frau. Das ist die neue Gesellschaft und die neue Nation. Das ist das Wesen des neuen Menschen. Wenn die Menschheit überleben will, dann so. Und wenn du überleben willst, wie du wirklich bist, dann mußt du auch diesen Weg gehen.

Menschen klettern die Berge hoch,
denn wo der Berg endet,
beginnt der Himmel.

Aber worauf es ankommt:
überall auf dem Berg
beginnt der Himmel.
Alles, was du tun mußt,
ist Springen.

Der zweite Tip:

Finde immer die Harmonie

Es gibt viele Geschichten über das Phänomen der Levitation, des Schwebens. Es sind nicht nur Geschichten: es gibt Berichte von Augenzeugen. Wie kann das möglich sein – sechzig, siebzig, achzig Kilogramm, die in der Luft schweben? Es ist ein seltenes Phänomen, und für mich ist es nicht einmal besonders außergewöhnlich. Aber hinter diesem Phänomen liegt etwas sehr Bedeutsames. Um nämlich in der Luft schweben zu können, muß man mit ihr im Gleichgewicht sein.

Man muß mit seiner Umgebung im Gleichgewicht sein. Das drückt sich im Phänomen des Schwebens aus, aber das ist nur der unsichtbare Ausdruck der Harmonie mit sich selbst. Um unsere Metapher vom Bergsteigen zu benutzen: wenn du den Berg im gleichen inneren Zustand ersteigst wie jemand, der schwebt, dann wirst du nicht mehr auf den Berg zurückfallen – du wirst fortschweben.

Deshalb ist der zweite Tip: Finde immer die Harmonie.

Wenn du ruhig sitzt und meditierst – selbst, wenn jemand dabei spricht, wie jetzt gerade –, machst du tatsächlich so etwas. Du findest deine Harmonie. Und das tust du, indem du dich mit den unharmonischen Teilen deiner selbst befaßt. Du bringst den geschäftigen Verstand zur Ruhe. Du gehst in die körperlichen Spannungen hinein und gleichst sie aus. Du stellst dich auf die emotionalen Regungen ein und beruhigst sie. Wenn du das schaffen kannst, fühlst du dich leer – und das entspricht genau dem Begriff 'sich mit der Umgebung in Harmonie befinden'. Leere ist in diesem Sinne ein relativer Begriff.

Die Methode der Transzendentalen Meditation (TM) und andere Meditationsmethoden sind Versuche, die Leute, die sie praktizieren, wenigstens zeitweise in einen harmonischen Zustand zu bringen. Aber was ist, wenn die Meditation vorbei ist? Wenn du meditierst, dann strebst du nicht nach Harmonie, sondern sie kann aus deiner Arbeit an dir selbst entstehen, und du wirst ruhig und gelassen. Dann erreichst du diese Harmonie. Aber ich sage: *versuche* wenigstens, die Harmonie zu finden – jeden Tag, in allen Lebenslagen. Und finde heraus, was dich davon abhält, in einem harmonischen Zustand zu sein.

Ich sage nicht: „Mach es!", denn vielleicht paßt dieser zweite Tip gar nicht zu dir.

Wenn jemand etwas zu dir sagt, was du als ungerecht oder verletzend empfindest, als eine Herausforderung an dich, und du sofort reagierst, dich verteidigst – dann bewegst du dich genau entgegengesetzt zur Harmonie. Du machst dich selbst verrückt, sogar noch mehr, als es schon geschehen ist.

Du kannst es nicht vermeiden, durcheinandergebracht zu werden. Selbst ein Meister ist manchmal durcheinander, was immer er auch behaupten mag. Aber so jemand weiß, wie er wieder zur Ruhe kommen kann, und zwar so schnell wie möglich.

Also – wenn jemand etwas zu dir sagt, das dich stört, dann versuche einmal, *nicht* zu reagieren. Denk nicht an den christlichen Grundsatz, auch noch die andere Wange hinzuhalten. Ich will nicht, daß du das ausprobierst, obwohl es zum gleichen Ergebnis führt. Sage zu dir selbst: 'Man hat mich beunruhigt – wie komme ich so schnell wie möglich wieder zu *meiner* Harmonie zurück?'

Das heißt nicht, die Unruhe zu unterdrücken. Aber es heißt, sie zu begrenzen, ihr nicht noch mehr Nahrung zu geben, sie abklingen zu lassen.

Buddha verwendete dafür die Metapher vom Fluß, der aufgewühlt wird, wenn man hindurchwatet. Der ganze Schlamm steigt wolkig im Wasser hoch. Wenn du aber still am Wasser sitzt – und nur das tust –, setzt sich der Schlamm wieder ab und das Wasser wird klar. Mit dem Verstand ist es ebenso.

Um diese Harmonie zu finden, mußt du äußerst wachsam sein. sonst handelst du in schwierigen Situationen rein reflektorisch und verkrampft; so schnell, daß du es dir doppelt so schwierig machst, mindestens doppelt so schwierig, wieder in den Einklang mit dir selbst zurückzufinden. Es bedeutet, daß du mit dir selbst in jedem Augenblick übereinstimmen mußt; es bedeutet einen ständigen Balanceakt: ein Seiltänzer zu sein, ein Artist – du fühlst die Störungen schon, wenn sie kommen, du vergrößerst sie nicht, du verleugnest sie auch nicht, sondern du läßt ihnen Raum und Zeit, damit sie sich wieder beruhigen können. Und zwar in jedem Moment. Wenn du das so machst, wirst du dir auch all dessen bewußt, womit du dir die Sache schwierig machst.

Wenn man zum Beispiel zu Bodhisattva irgendwas sagt – zumindest, wenn ich es tue –, dann beginnt er beinahe augenblicklich zu sprechen. Fast schon bevor ich den Satz beendet habe, sagt er bereits etwas. Zur Zeit selten etwas Negatives. Oft stimmt er mir zu. Er sagt: „Ah, ja, mir geht das auch so", oder: „Ich habe das auch gesehen" oder: „Das finde ich richtig". Daran ist nichts falsch, aber ich sehe, daß er nicht bewußt ist, wenn er das tut. Er bringt sich in zweifacher Weise aus dem Gleichgewicht.

Wenn du aber bewußt bist und nach deiner Harmonie suchst, dann saugst du jeden Moment deines Lebens auf, du absorbierst ihn. Du reagierst nicht darauf, du bekämpfst ihn nicht, du machst keinen Sieg daraus, sondern du nimmst ihn auf. Du wirst entdekken, daß dies eines der wichtigsten Hilfsmittel ist, dich dabei zu unterstützen, deine Harmonie zu behalten. Es ist das „Aha". Dieses „Aha" ist in gewisser Weise der Ausdruck dieses Aufnehmens. Oftmals habe ich euch darauf aufmerkam gemacht, Erfahrungen so weit wie möglich als „Aha-Ereignisse" zu behandeln. Im *Growth-Movement *)* gibt es den Begriff des „Aha-Erlebnisses". Aber ich spreche vom „Aha-*Ereignis*": du läßt es nur geschehen, du spürst die Bewegung in deinem Energiesystem, und dann findest du die Harmonie.

Wenn du solch eine Harmonie gefunden hast, dann hast du die Wahrheit gefunden. Dann hast du Gott gefunden.

Die Buddhisten nennen es den Weg der Mitte – es ist dasselbe. Die ganze Philosophie des Buddhismus ist als „Weg der Mitte“ bekannt. Dieser Weg ist der Weg der Harmonie.

Ein bekannter Sufi sagte oder schrieb vor kurzem: „Wenn du das *Chi* findest, brauchst du keine Methoden mehr.“ Chi ist das chinesische Wort für Harmonie, für die Essenz des Lebens, genauso wie *Prana* im Sanskrit die Essenz des Lebens bedeutet, und damit auch die Harmonie. Wenn du also das Chi findest, brauchst du keine Methoden. Ihr seht: das ist meine Methode – ich versuche, euch das Chi zu lehren. Ihr braucht nichts weiter als diese Methode. Ich wende sie in meiner Arbeit an, und ich möchte euch ermutigen, sie für eure Arbeit an euch selber auch zu benutzen. So kann man also tatsächlich meine Arbeit in den Worten dieses Sufi-Buddha ausdrücken: Finde das Chi und du brauchst keine anderen Methoden. Kürzlich hat Indra mir eine Frage geschickt: „Wie hängt all diese Arbeit mit meiner Tätigkeit als Rebirther zusammen?“ Wenn du das Chi findest, Indra, und wenn du den Menschen, mit denen du arbeitest, beibringen kannst, wie sie das Chi finden, dann brauchst du überhaupt keine andere Methode mehr. *Nichts* ist mehr nötig. Und schau dir an: das ist es, worum es in all meiner Arbeit geht!

Die ganze Meditation der Drei Ebenen ist im wesentlichen dasselbe. Von der ersten in die zweite Ebene zu gelangen, heißt dies: sich von dem Phänomen fortzubewegen, das die Störung verursacht, das Hin und Her mit anderen Leuten und die fortwährende Unruhe bewirkt, ohne Ende – hin zu einem Punkt, an dem die Unruhe nur in dir selbst existiert. Dann gehst du durch diese Störung hindurch, bis du an die Stelle kommst, von der sie ausgeht. Und dann läßt du sie zur Ruhe kommen. Dann bist du in Harmonie.

„Wenn du nichts siehst, siehst du alles“, sagen die Zen-Leute dazu.

Fangt an mit dem Signal, dem Blitz, der Vorstellung, dem Gefühl von Harmonie. Dann, wenn ihr darauf hinarbeitet, findet ihr bestimmte Dinge, die zu tun sind. Wenn ihr auf nichts Besonderes achtet, werdet ihr entdecken, daß ihr erstens euch selbst nicht so sehr durcheinanderbringt und daß ihr zweitens viel mehr wahrnehmen könnt. Denn wenn ihr euer Augenmerk nicht auf etwas Bestimmtes richtet, sondern gleichzeitig vieles im Auge behaltet, dann nehmt ihr auf gewisse Weise die Gemeinsamkeiten in eurer Umgebung auf – nämlich die Harmonie – und nicht so sehr die Einzelheiten, die zwangsläufig immer ein wenig unharmonisch sind.

Wenn du – wie ich jetzt – vor 40 bis 50 Menschen sitzt und wenn du jemanden anschaust, der sich bewegt, wie gerade Muana, wenn du deinen Blick auf sie richtest, während sie herumzappelt, kannst du dich leicht gestört fühlen. Aber wenn du hier sitzen kannst und die ganzen fünfzig Leute im Auge hast, stört eine kleine Bewegung in der Ecke nicht weiter. Das erinnert mich an einen Artikel, der über eine Abendgruppe geschrieben wurde, die ich in Dänemark gehalten habe. Eine Reporterin kam, und am nächsten Tag erschien ein Artikel in einer Zeitung in Kopenhagen, in dem sie die Arbeit beschrieb und das, was abgelaufen ist. Sie sagte – und sie war offensichtlich sehr überrascht – 'Die Leute gingen in eine Katharsis, sie schrien und machten dies und das, aber das schien den Mann nicht zu stören, der mit ihnen arbeitete. Er machte einfach weiter mit dem nächsten, und ich konnte spüren, daß er von dem Tumult überhaupt nicht gestört wurde, der um ihn herum stattfand.' Ich war nämlich nicht nur – wie immer – bei der Person, mit der ich arbeitete, sondern ich war auf das Geschehen von all den 150 Leuten eingestimmt, die dort waren. Und eine Störung ist dann nur eine rein lokale Angelegenheit.

Du wirst also herausfinden, daß die Harmonie äußerst umfassend ist, wenn du mit ihr arbeitest. Du beginnst nicht nur, deine Umgebung in einer sehr umfassenden Weise zu sehen, sondern du beginnst auch, das Ganze um dich herum zu fühlen. Du siehst, daß dies ein Weg zur Harmonie ist. Und wenn es dir wirklich gelingt, dieses Gefühl des Einsseins zu einem Punkt zu bringen, an dem du mit allem im Gleichgewicht stehst, was dich umgibt, dann kann daraus sogar das Phänomen der Levitation entstehen. Aber auch wenn der Körper nicht anfängt zu schweben, wirst du dich fühlen wie einer, der schwebt.

Als ich selbst zum ersten Mal dieses Gefühl der Harmonie empfand, von dem ich gerade erzähle, hätte ich erwartet, daß mein Körper beginnen würde zu schweben. Ich konnte es nicht verstehen – ich saß da und ich fühlte mich so, als würde mich nichts mehr stören, es gab nichts zwischen mir und meiner Umgebung, und ich erwartete, daß mein Körper sich sofort erheben würde. Ich konnte nicht begreifen, warum es nicht geschah. Wenn es passiert wäre, dann wäre ich nicht im geringsten erstaunt gewesen. Die Entsprechung dieses Vorgangs geschah nämlich in der Dimension, auf die ich in diesem Moment eingestimmt war. Auf dieser Ebene schwebte ich sicherlich, aber das war eine Art spiritueller Ebene. Und wenn du auf dieser Ebene schwebst, dann muß der Körper nicht unbedingt mit dir mitschweben. Man kann sich auf diese Ebene begeben, in dieser Dimension schweben, und den Körper dort lassen, wo er ist.

Der *Tao Walk *)* ist eine Meditation in dieser Richtung. Du kannst ihn so betrachten: Das Wichtigste, was ich auf diesem sogenannten *Tao Walk* tun muß – was auch immer dabei herauskommen mag –, ist dies: die Harmonie mit meiner Umgebung zu finden, zu behalten und aufrechtzuerhalten. Ich soll meine Aufmerksamkeit auf nichts Spezielles richten, ich soll mich nicht für dies oder jenes interessieren. Ich muß durch alle Vorstellungen hindurchgehen, die in meinem Kopf über diesen *Tao Walk* existieren – das ist alles unwichtig. Ich werde mich in Bewegung setzen, werde aus dem Haus gehen, mich auf etwas einstimmen, meine Harmonie damit finden, und ich werde diese Harmonie auf meinem ganzen Weg behalten. Und wenn das heißt, auf dieser Stelle stehenzubleiben, dann werde ich auf dieser Stelle stehenbleiben. Wenn es heißt, mich weiterzubewegen, werde ich das tun. Wenn es bedeutet, zu rennen – wie es manchmal vorkommt und wie es mir schon gegangen ist – dann werde ich rennen, bis die Harmonie mich aus dem Rennen ins Gehen bringt, bis zu einem Halt. *Tao Walk* ist Gehen in Harmonie – denn das Tao ist ja genau das Universum im Zustand des vollkommenen Einklangs. Yin und Yang sind die Symbole dafür: Harmonie, im vollkommenen Einklang. Aber das ist nicht nur eine Abstraktion. Es ist eine praktische Methode: du bringst die Essenz dessen, was du suchst – das Tao, Gott, den Heiligen Geist, das Einssein und Verschmelzung mit dem Universum, das ein Zustand der Harmonie ist – in jeden Moment hinein. Gleichzeitig versuchst du, dies als einen möglichen Zustand deiner selbst zu erreichen. Die Essenz dieses Zustandes kannst du schon benutzen, bevor du ihn erreicht hast, und diese Essenz ist die Harmonie.

Diese Dinge helfen sich immer gegenseitig. Wenn du den falschen Weg gehst, gerätst du in das, was man den *circulus vitiosus* nennt, den Teufelskreis. Das heißt, alles, was du tust, scheint dich in diesem Kreis zu fesseln, der sich immer weiter dreht. Wenn du anfängst, auf die richtige Art zu arbeiten, dann wird der Teufelskreis zu etwas, das ich die „gute Spirale" nenne. Sie ist positiv und offen. Wenn du dich hin zur Harmonie bewegst, dann wirst du merken, daß du das nicht tun kannst, ohne im Augenblick bewußt zu sein. Wenn also der Moment der Störung kommt, bist du dort, wo die Störung in diesem Augenblick gerade ist, und du kannst dich sofort daran machen, die Störung in Harmonie umzuwandeln. Arbeit mit der Harmonie heißt, daß du automatisch eine fortdauernde Bewußtheit entfaltest. Du mußt bewußt sein, um wirklich richtig mit dieser Harmonie arbeiten zu können. Auf diese Weise wirst du zur Bewußtheit gebracht, und die Bewußtheit führt zur Harmonie, die Harmonie führt zu weiterer Bewußtheit, was mehr Harmonie bringt, was mehr Bewußtheit bringt... und so weiter. Das ist die „gute Spirale".

Und noch ein letzter Hinweis zu diesem Tip: je mehr du auf diese Art in Harmonie bist mit dem, was um dich herum ist, desto weniger bist du etwas Abgetrenntes, desto weniger gibt es diesen Berg und den Bergsteiger, denn beides bist du. Und desto weniger wird das Ganze zu einer Frage des Springens überhaupt. Der ganze Prozeß von Klettern, Erreichen und Springen löst sich auf.

Geh den Berg hinauf. Das heißt: geh in dich selbst hinein. Und dann mußt du in allen Arten von Beziehungen den „harmonischen Berg“ finden, mit dem du im Einklang stehst. Du wirst manches zurückweisen müssen, manches akzeptieren, einiges wird nah an dich herankommen, zu anderem wirst du Distanz nehmen müssen, und die Situation ändert sich ja ohnehin andauernd.

Es ist schwierig, auf den anderen Ebenen zu dieser Harmonie zu finden – auf der Verstandesebene, auf einer emotionalen, physischen, sexuellen Ebene. Es ist schwierig, sie über einen längeren Zeitraum hinweg zu bewahren. Aber bei der Arbeit in dieser „guten Spirale“, mit der tiefen Harmonie, wirst du etwas Harmonisches erreichen. Du beginnst an dir, an jedem in deiner Nähe, in allem, was dich umgibt, etwas zu finden, das bereits in Harmonie *ist*. Ein Stück des Tao ist offensichtlich in Harmonie mit einem andern Stück des Tao, und zwar immer. Ein Teil des Flusses ist im Einklang mit jedem andern Teil des Flusses. Man muß nicht erst die Harmonie zwischen zwei Teilen des Flusses herstellen – sie ist schon vorhanden.

Wenn du also die Harmonie suchst, wirst du entdecken, daß sie schon immer dagewesen ist.

Daß du schon immer in ihr gewesen bist, von den ersten Anfängen an.

Und daß es nur eine Illusion war, die dich nicht glauben ließ, daß du etwas anderes als ein Summen bist, ein kosmisches Summen.

Daß alles und jedermann um dich herum ebenso nur ein Summen ist, nichts als ein kosmisches Summen.

Es sind keine Märchen, die ich euch heute morgen erzähle. Es sind Seinszustände, die auch für euch erreichbar sind.

Das Universum und seine Bewegung – was auch immer euer Verstand euch darüber erzählen mag – ist eine Symphonie. Und was eine Symphonie schön macht, außergewöhnlich, exquisit, ist die Harmonie, die es darin gibt. Und das, obwohl es Tausende, Millionen, Milliarden von verschiedenen Tönen, verschiedenen Instrumenten, verschiedenen Akkorden, verschiedenen Spielern geben mag. In einer großen Symphonie gibt es ein Gefühl magischer Harmonie – in jedem Augenblick, nicht nur im Ganzen. Auch in deinem Leben, in meinem Leben, im Leben jedes Menschen gibt es diese magische Harmonie – selbst wenn wir sie nicht immer erkennen können. Wem auch immer du begegnest, wohin du auch gehst, was du auch tun magst: es geschieht aus der Harmonie des Tao heraus. Das Tao hat dich an diese Stelle hier gebracht, an diesen Punkt, zu diesem Menschen, zu diesen Leuten hier, in diesen Raum, an diesem Morgen. Es kann nichts anderes sein als eine großartige Harmonie. Denn wir sind an diesen Ort durch Millionen verschiedener Kräfte gebracht worden, die in jedem von uns wirken. Sie haben uns hierhergebracht, in diesen Augenblick. Es ist absurd zu behaupten, das sei einfach Zufall. – Es ist Bestandteil einer verborgenen Harmonie. Und wenn sie bis jetzt gewirkt hat, um diese Situation zu erzeugen, dann gibt es sie auch in diesem Moment gerade, und dann muß es sie immer geben.

Wenn du sie finden kannst, dann wirst du nicht nur in Harmonie sein, sondern du wirst es auch wissen. Und das macht die Freude aus, ein Mensch zu sein. Denn die ganze Natur ist in Harmonie. Aber in Harmonie zu *sein,* und es zu *wissen,* das sind zwei verschiedene Dinge.

Der dritte Tip:

Auch wenn du nicht mehr kannst, geht dein Leben weiter

Eine Zen-Geschichte: Ein Schüler kommt zum Zen-Meister und sagt: „Es hat keinen Sinn. Ich kann mit dieser Situation einfach nicht klarkommen." Der Meister erwidert: „Ich kann's auch nicht!" Augenblicklich nimmt sich der Schüler zusammen und sagt: „Was soll das heißen? Du bist hier der Meister. Wenn irgend jemand auf der Welt damit fertigwerden kann, dann du. Wie kannst du sagen: 'Ich kann's auch nicht?'" Der Meister antwortet: „Schau, ich bin dein Lehrer. Wenn ich mit der Situation fertigwerden könnte, dann könnte ich dich dazu bringen, es auch zu schaffen, oder nicht? Aber das habe ich nicht erreicht, deshalb sieht es ganz so aus, als ob ich meine Arbeit nicht bewältigen kann. Ich müßte entlassen werden."

Solange auch nur *einer* mit seiner Situation nicht fertig wird, kann es keiner. Wenn wir es alle schaffen würden bis auf einen einzigen, würden wir trotzdem scheitern, weil wir diesen armen Menschen nicht dazu bringen könnten, es auch zu schaffen.

So weit die Zen-Geschichte. Die Wild Goose Geschichte geht so: Jeder wird mit seiner Lage fertig, sonst wärt ihr gar nicht hier. Ihr wärt überhaupt *nirgends.* Jeder bewältigt fortwährend sein Leben, bis zum Augenblick seines Todes, wo es nichts mehr zu bewältigen gibt. Wenn du erst tot bist, sogar wenn du dich umgebracht hast, gibt es nichts mehr, das du schaffen mußt; erst dann wird diese Frage unwichtig. Aber bis zu diesem Moment wirst du mit deiner Situation fertig – so seid ihr ja auch hierher gekommen. Das sage ich, wenn jemand zu mir kommt und zu mir sagt: „Ich kann einfach nicht mehr!" Ich schau mir's an und erwidere: „Und du kannst *doch!"*

„Was willst du damit sagen?"

„Nun, du sitzt hier und behauptest, daß du mit dem Leben nicht mehr fertigwirst. Aber offensichtlich wirst du es doch, denn wenn du sagst, du schaffst es nicht, sagst du im Grunde: 'Ich kann nicht mehr weiterleben!' – aber *wer* sagt das? In wessen Leben wird diese Aussage gemacht? Du wirst immer mit deiner Lage fertig, so lange du am Leben bist, oder nicht? Du magst vielleicht nicht in dem Zustand sein, in dem du gerne wärst, aber darum geht es nicht. Du lebst weiter."

Nun, hinter dieser Wahrheit steckt eine andere, sehr allgemeine, umfassende Wahrheit: alle Menschen versuchen immer wieder, wenn nicht sogar die meiste Zeit, ihr Leben selbst zu gestalten. Es geht weiter, aber nicht auf eine völlig willkürliche Art und Weise. Das heißt, es plumpst nicht von einem Augenblick in den nächsten, sondern es geht dahin, etwas trägt dich weiter, und auf das, was du machst, kommt es normalerweise nicht an. Du bewegst dich in eine Richtung, in die viele Kräfte dich schieben, und dabei sitzt du hier und überlegst: „Was soll ich als nächstes tun, was als übernächstes, was als über-übernächstes? Welche Richtung soll ich als nächste einschlagen? Soll ich nach links gehen oder ...?" Doch es ist schon zu spät: du gehst schon längst in eine Richtung.

Und es geht sowieso weiter.

Etwas geht immer weiter. Es liegt jenseits von allem, was du über dich oder über etwas anderes denkst. Du setzt einen Kopf auf den Kopf, wie die Zen-Leute es ausdrücken. Das ist vollkommen unnötig.

Wenn dir etwas widerfährt, dann sagst du oft: „Es ist okay, es macht nichts." Dann schaust du nach innen und siehst deine ganze Welt kopfstehen. Du kannst dir sagen: „Was ist geschehen? Doch nur dies: mein Freund hat eine andere geküßt. Nichts dabei, nur ein Kuß." Und dann schaust du wieder nach innen und es ist, als sei deine ganze Welt eingestürzt. Du bildest dir nicht nur etwas ein, wenn du denkst: „Nun, eins kommt zum andern, ein Kuß wird zu was Weiterem führen, er wird mich sitzenlassen und weglaufen, ich werde ihn nie wiedersehen, und ich werde mich umbringen."

Das Würgen kommt schon, bevor diese Vorstellung überhaupt auftaucht. Das ist es, was die ganze Zeit über geschieht – das sind die großen Löcher in deinem Leben, in die du immer wieder hineinfällst. Da gibt es etwas Bedeutsames, obwohl dein Verstand dir sagt, es sei unbedeutend. Es wäre sehr schwierig, über diesen Bereich der Wirklichkeit eine wissenschaftliche Abhandlung zu schreiben. Bei den meisten Menschen ist es schon schwer genug, sie so weit zu bringen, diese Realität überhaupt anzuerkennen – es sei denn, man kann gleich einen Rahmen bieten, etwa: „Oh, es ist nur das Unbewußte, oder das kollektive Unbewußte, das universale Unbewußte oder das Unbewußte Gottes." Aber du brauchst dich gar nicht zu bemühen, dem einen Namen zu geben: das ganze Universum lebt weit über diesen Dingen und es scheint, als ob es den Laden auch so schmeißen kann.

Heute abend bekam ich Besuch von einer Frau, die öfters Gruppen mit mir in der Schweiz gemacht hat. Ich hatte sie längere Zeit nicht gesehen. Sie hatte allerlei gemacht: T'ai Chi bei diesem, etwas anderes bei jenem, sie war bei Sufi-Meistern gewesen, bei Onkel Tom Cobley und Weißichnochwem. Und nun kam sie zu mir und sagte: „Ich weiß nicht, was ich als nächstes machen soll." Ich antwortete: „Ich auch nicht." Sie fuhr fort: „Ich weiß nicht, in welche Richtung ich gehen soll." Und ich erwiderte: „Ich weiß es auch nicht. Nein. Bei mir bist du doch schon gewesen. Ich bin abgehakt auf deiner Liste. Warum kommst du zurück?" „Ich weiß nicht, warum ich zu dir komme." „Vielleicht fühlst du dich ein bißchen verloren?" „Ja, genau!" sagte sie. „Wenn ich es gewesen wäre, der dich finden sollte, hätte ich dich längst gefunden. Du kannst nicht einfach für zehn Minuten herkommen, dich vor mich setzen und von mir erwarten, daß ich dich finde." „Also, dann bin ich echt verloren!" „Ich auch", antwortete ich, „aber mir macht es nichts aus. Es spielt keine Rolle, ob ich verloren bin oder nicht. Ich weiß: in fünf Minuten werde ich mich wieder gefunden fühlen. Und morgen zwischen 12 und 12.15 Uhr werde ich mich vielleicht wieder völlig verloren fühlen. Aber eines sage ich dir: mein Leben geht weiter, egal, ob ich mich nun verloren oder gefunden fühle."

Wenn ich sage: 'Oh, mein Gott, ich bin verloren!', und ich schaue auf meine Uhr, dann steht sie nicht still; mein Herz steht auch nicht still. Es schlägt weiter. Was macht es für einen Unterschied, ob ich mich verloren fühle oder nicht – mein Leben geht immer weiter. Was soll also das ganze Getue um's Sich-verloren-Fühlen? Ich bin hier, ich spüre etwas, ich kann mein Sandwich essen, meinen Kaffee trinken, ob ich nun verloren bin oder nicht.

Was für einen Unterschied sollte es auch machen? Ich sage doch nicht: 'Halt – kein Sandwich, ich fühle mich verloren!' Wenn ich mich wiedergefunden habe, klingle ich, dann bringst du mir das Sandwich. Ich muß erst wissen, wer ich bin, bevor ich dieses Sandwich genießen kann, sonst ist es vielleicht jemand anders, der sich mein Sandwich schmecken läßt. Dann muß ich wieder klingeln und noch eines verlangen: 'Minerva, jemand anders hat es gegessen, jetzt bin ich aber dran. Diesmal nicht mit so viel Gurke drauf!'

Ihr seht: alles geht weiter. So sagte ich also zu diesem Mädchen: „Schau her. Meine Arbeit besteht in Wirklichkeit nicht darin, dich zu finden, sondern dich dem gegenüber immun zu machen, ob du verloren bist oder nicht; sie soll dir helfen, in einen Zustand zu gelangen, in dem du dieses Gefühl der Verlorenheit annehmen kannst – das ich als ein tiefes, inneres Gefühl erkenne – und sagen kannst: 'Aha, also jetzt gerade passiert es, daß ich mich verloren fühle'. Und wenn schon! Was ist daran schlecht? 'Nun, es könnte jemand kommen und mich was fragen. Dann kann ich keine Antwort geben, weil ich mich verloren fühle.' Mag sein, aber was soll's? 'Aber ich könnte ganz dumm dastehen!' Na und? Es wäre nicht das erste Mal. Was ist schlimm daran, nochmal so dumm dazustehen?

Der vierte Tip:

Sei ganz gewöhnlich, nichts Besonderes – und du bist frei

Gestern abend habe ich ein Buch gelesen, und darin sagt eine Person: „Ich bin einer jener Menschen, die sich in einer bedeutungslosen Existenz dahinschleppen. Jeder hält mich für bedauernswert, aber das stimmt nicht.“ Durch das ganze Buch hindurch bleibt er so, und am Ende empfindet man ihn als die bei weitem unwiderstehlichste und attraktivste Figur in diesem Buch. Er macht überhaupt nichts. Er lebt in einem Haus, das seinem Bruder und dessen Familie gehört, er hat keine eigenen Einnahmen, er ist auf Almosen angewiesen. Sein ganzes Leben lang ist er abhängig, und im Buch ist er 55 Jahre alt und wird von seinen reichen Verwandten ausgehalten. Und doch umgibt ihn eine großartige Qualität des Loslassens. Er läßt sich von Tag zu Tag treiben, aber man spürt, daß darin eine ungeheure Freiheit liegt. Er hat keinerlei Verantwortung. Niemand erwartet etwas von ihm. Die Leute ignorieren ihn schließlich tagelang, und er lebt nur sein Leben weiter. Der Glückliche! Ich bin froh, wenn ich zehn Minuten in meinem Zimmer sein kann, ohne daß jemand anklopft. Ich kann nicht auf diese Art verschwinden. Ich bin grün vor Neid geworden, beim Lesen dieses Buches.

Einfach ein

‘. . . niemand
verliebt
ins Hier
nur ins Hier’

(Michael singt einige Zeilen eines Liedes, das aus einem seiner Gedichte gemacht worden ist.)

Sein Bruder ist eine Art Boß im Buch, der das ganze Geld hat, das Haus besitzt, die Frau, die Kinder, die Haustiere und den Garten. Das Buch beschreibt nur eine kleine Welt, aber es wäre ebenso, wenn er Premierminister wäre. Nichts passiert außerhalb des Hauses, das ganze Buch über, die ganzen 500 Seiten spielen sich innerhalb eines Hauses ab. Der Bruder – er ist, wie man so sagt, ein großes Tier, ein *'big cheese'*– beschwert sich darüber, was ihm alles widerfährt, und sein ruhiger Bruder, diese unbedeutende Figur, sagt zu ihm: „Nun, du bist immer oben. Kein Wunder, daß es dich andauernd trifft. Du bist so ein leichtes Ziel. Du bist der Boß, du bist immer dort oben, du bist ein leichtes Ziel fürs Schicksal, und deshalb schlägt es dich natürlich immer wieder nieder. Ich bin schon unten. Da gibt es nichts zu schlagen, das wäre schwierig. Man kann mich nicht einmal sehen, aber du bist immer sichtbar. Du machst dauernd Krach, deshalb ziehst du natürlich alle möglichen Ereignisse an. Also, beklage dich nicht, das gehört nun mal dazu, wenn man sichtbar ist."

Einmal bekam ich einen Brief von einem ähnlichen Niemand, einer *Wild Goose* aus Dänemark. Ich möchte euch nicht sagen, wie sie heißt; ihr würdet euch nicht an sie erinnern. Sie kommt in die Gruppen und geht wieder. Meistens wird sie auf der Namensliste der Gruppe vergessen, so unsichtbar ist sie. Und sie schrieb mir: „Ich weiß, daß ich ein Niemand bin. Ich weiß, daß ich im Leben keine Bedeutung habe." Sie hat nicht mal eine Arbeit. Sie fährt fort: „Und das ist wunderschön. Ich kann tun, was ich will, und niemand nimmt Notiz davon. Ich bin frei." Sie schreibt mir ziemlich oft, diese unsichtbare *Goose,* und es ist bemerkenswert. „Neulich ging ich die Straßen in Kopenhagen entlang, und auf einmal, Michael, verschwand alles und es gab nur noch Licht. Was hältst du von diesem Erlebnis?" Und dann schreibt sie: „Ein andermal schaute ich an mir selbst herunter und konnte mich nicht sehen. Ich war nicht da. Ich konnte nur noch Luft sehen und ich fühlte mich so leicht wie eine Feder. Ist das in Ordnung?" Und weiter: „Gestern wachte ich mitten in der Nacht auf, schaute mich um und alles, was ich sehen konnte, waren die Sterne. Und ich war dort oben, zwischen den Sternen und empfand so tiefe Freude." Sie hat diese bemerkenswerten Erlebnisse wirklich. Für mich steht außer Frage, daß das nicht nur Einbildungen sind. In den Gruppen bemerkt man sie nie, aber einmal schrieb sie: „Ich kann mir im Moment nichts Schöneres vorstellen, als weiter zu all diesen Gruppen der Wild Goose Company zu kommen, denn dort passiert so viel für mich, daß sich mein Alltagsleben, das so langweilig war, von Grund auf verändert hat, obwohl ich genau die gleichen Dinge mache wie vorher."

Solch eine Gewöhnlichkeit schafft die Möglichkeit, daß viel passieren kann. Eigentlich sind wir alle so gewöhnlich. Eure Essenz ist genauso gewöhnlich.

Alles Außergewöhnliche, oder was wir außergewöhnlich nennen, ist in Wirklichkeit etwas, das wir dem Gewöhnlichen hinzufügen. Es ist wie die Geräusche vom Revox *(Tonbandgerät)* heute morgen. Klick, Klick, Klick. Es erzeugt eine Reaktion. Es setzt eine zusätzliche Realität auf die Ruhe und Stille. Und das ist es, was wir auch tun. Das Revox möchte heute morgen bemerkt werden. Jeden Morgen kommt es herunter, um den Talk aufzunehmen. Ich spreche zu jedem, nenne Leute beim Namen; aber niemand sagt jemals etwas zum Revox. Heute morgen sagt es: „Ich. Ich. Ich. Ich, ich. Ich, ich." Vielleicht ist es auch ein Sprachrohr für Chaitanya; ich weiß es nicht. Er ist zu schüchtern, um sich hier herzusetzen und zu sagen: „Ich. Ich. Ich. Ich." So bringt er seinen Freund, das Revox, dazu, es zu tun, und auf diese Weise bin ich gezwungen, auf das Revox und damit auch auf Chaitanya aufmerksam zu werden. Er ist sehr schlau...

Wenn du nicht wichtig bist, keinen wichtigen Job hast, wie Amida, dann ist dieser Tip für dich das Richtige. Sie rennt dauernd herum, selbst wenn sie nirgendwo hingeht – ständig saust sie mit einem Stück Papier in der Hand herum und sieht so aus, als ob das ganze Haus über unsern Köpfen einstürzen würde, wenn sie nicht das macht, was sie gerade vorhat. Diese Amida ist eine höchst wichtige Dame, deshalb wird ihr der *Talk* von heute morgen natürlich nicht gefallen. Für Amida wird dieser Tip keinen Nutzen haben, aber für jene Leute im Haus, von denen ich nicht einmal weiß, daß sie da sind, und deren Namen ich deshalb nicht nennen kann – diese unsichtbaren, wie Pushita oder wie auch immer sie heißen mag, diejenigen, die unten im Keller arbeiten. Ich komme nie oder nur sehr selten in den Keller. Neun oder zehn Leute wohnen vermutlich dort unten schon ihr ganzes Leben lang. Wahrscheinlich gibt es einen ganzen Ashram*) da unten. Sie kommen nur zum Essen herauf, nehme ich an. Für sie gilt der Tip von heute morgen.

Worum es dabei geht, ist, daß du deine grundlegende Realität zu schmecken bekommen kannst. Du hast alle Zeit und allen Raum der Welt zur Verfügung, nur, um deine grundlegende Realität zu erfahren. Aber diese grundlegende Realität existiert nicht, Bodhisattva – der *Talk* wäre nicht vollständig, ohne dich zu erwähnen – in einem Vakuum, so gern du das auch hättest. Bodhisattvas Traum ist es, in einem völligen Vakuum zu leben, ohne Erwartungen, ohne Arbeit, nur reine Leere für immer und ewig, so daß er wirklich gut, lang und ein für allemal schlafen kann. Bodhisattva hat mir eine Frage geschrieben, genau zur rechten Zeit. Um ein Bodhisattva zu sein, braucht man viel Mut. Ich kann ohne Brille nicht lesen, und das Licht ... Chaitanya, lies du es vor. Lies es nett vor, so wie ich es machen würde.

Chaitanya liest:
„Auf der zweiten Ebene zu leben bedeutet, daß wir die Erlebnisse nicht benennen, sondern nur die Energie davon kosten ...“

Da schau, Bodhisattva. Er möchte nur die Energie kosten. Weiter.

„Wir werten nicht. Aber im Alltagsleben ...“

Er spricht über's Alltagsleben! Er ist also dabei.

„Aber im Alltagsleben müssen wir werten, müssen sehr oft bewerten, z. B. gute Arbeit, schlampige Arbeit. Das scheint ein Widerspruch zu sein. Wie kann man den auflösen?“

Bodhisattva, ich bat dich vor ungefähr einer Woche, ein Foto vom Gemälde im Ramakrishna-Raum zu machen. Wie kommt es, daß du das noch nicht gemacht hast?

(In diesem Moment kommt Mu, die Katze, zur Glastür und möchte hereingelassen werden. Sie gibt ein lautes „Miau“ von sich.)

Also, die Bodhisattva-Antwort ist „Miau“. Ihr seht also: genau wie Chaitanya das Revox dazu brachte, für ihn zu sprechen, schafft Bodhisattva es bei Mu. Einfach „Miau“ ist die Antwort. Nun, ich freue mich zu hören, daß die Antwort: „Miau“ heißt, Bodhisattva.

Seht ihr, er sagt: wir sollen auf dieser großartigen zweiten Ebene sein, auf der wir unsere Erfahrungen kosten, und es ist so lästig, einen Job machen zu müssen. Bodhisattva, die zweite Ebene existiert ohne die erste gar nicht. Die zweite Ebene ist: die Erfahrungen auszukosten. Aber wenn du keine Erfahrungen machst – was Bodhisattvas großer Traum ist –, wenn man nicht fotografiert und sich nicht um dies und jenes kümmern muß, dann *gibt* es keine Realität auf der zweiten Ebene auszukosten, du Dummkopf! Du mußt auf beiden Ebenen gleichzeitig sein. Ungefähr so...

Seht her, wir machen jetzt alle ein kleines Experiment. Jeder streckt eine Hand aus. Jetzt bewegt die Hand schnell auf und ab. Richtig.

(Jeder schwenkt die Hand wie verrückt.)
Sehr gut!
(Gelächter. Allmählich hört das Händeschwenken auf.)

Nehmen wir an, das sei die unbewußte Realität der ersten Ebene. Nun streckt die gleiche Hand aus, bewegt sie so, daß ihr in jedem Augenblick während dieser Bewegung absolut, total, vollkommen auf allen 99 Ebenen bewußt seid. Fertig? Also, bewegt die Hand. Wenn eure Bewußtheit verschwindet, müßt ihr aufhören und von vorn anfangen, sobald eure Bewußtheit wieder völlig da ist.

(Eine Minute vergeht. Keine Hand bewegt sich mehr als ein paar Zentimeter.)

Schaut, eine Minute ist schon vergangen, und die meisten von euch haben kaum angefangen. Ihr seid alle drauf bedacht, nicht auf die erste Ebene hinaufzuspringen und eure Aufmerksamkeit zu verlieren.

Der dritte Teil des Experiments ist nun also folgender: bewegt eure Hand – und bringt gleichzeitig eure Aufmerksamkeit zu solch einer Schärfe, daß ihr eurer Hand folgen könnt, auch wenn sie sich schnell bewegt. Dann könnt ihr es zulassen, daß sie sich fließend bewegen kann, und ihr bleibt trotzdem dabei. Versucht es mal. Wenn also eure Bewußtheit geschärft und gleichzeitig entspannt ist, könnt ihr zulassen, daß auch euer Leben sich auf eine fließende Weise bewegt. Wenn ihr jedoch der Bewußtheit zu große Wichtigkeit beimeßt, dann lähmt ihr euer Leben. Ihr sagt: „Ich gehe nicht das Risiko ein, etwas Neues geschehen zu lassen, weil ich dann diesen Geschmack der Realität auf der zweiten Ebene wieder verlieren könnte."

So geht es nicht.

Es ist schön, ein aktives Leben zu führen, wenn das für dich etwas Natürliches ist. Die Person, die das aktive Leben führt und die, welche ein ruhiges, relativ inaktives Leben führt, sind die gleichen. Es fragt sich nur, wo dein Schwerpunkt ist. Wo ist dein *centre of gravity?*

(5 Minuten Stille)

Heute morgen spreche ich über einen Weg, einfach zu eurer Gewöhnlichkeit zu finden. Ihr hört zu und plötzlich entsteht eine große Ruhe und Meditation im Raum. Niko Ume sitzt da. Sie spricht fast kein Englisch, sie kann kaum ein Wort verstanden haben von dem, was ich heute morgen gesagt habe, und sie befindet sich ebenso tief in einem Zustand der Meditation wie jeder andere. Hinter den Worten, die ich gebrauche, gibt es eine Energie, die sie hervorbringt und die sie in gewisser Weise unwichtig macht. Trotzdem sind sie wichtig – ebenso wie bei jener unsichtbaren Realität, die unser Leben mit sich fortträgt; neulich abend habe ich darüber gesprochen. Wenn wir hier gesessen hätten, ohne ein Wort von mir, dann hätten wir vielleicht auch meditiert, wie schon oft, aber auf eine andere Art. Niko Ume wäre nicht in diesem Zustand der Meditation, wenn wir die letzte halbe Stunde nur still hier gesessen wären. Diese fast unsichtbare Realität ist etwas wie ein Kometenschweif hinter den Worten.

Wenn man auf diese Art und Weise spricht, geht es deshalb ebenso um die Worte wie auch um das, was unsichtbar aus ihnen auftaucht. Schaut, die Worte nicht zu verstehen, ist ein bißchen ähnlich wie bei dem Niemand aus dem Buch, von dem ich gesprochen habe. Wenn ich spreche, sehe ich manchmal, daß der Verstand mancher Leute zu kämpfen hat mit dem, was sich sage, um es in ihre Realität einzupassen. Sie sind damit beschäftigt, wie das Revox heute morgen, tick, tick, tick, tick. Niko Ume kann ihren Verstand gar nicht so sehr mit meinen Worten beschäftigen, weil sie kaum versteht, was ich sage.

Denkt an den schönen Zen-Spruch: *Not knowing is the most intimate.* Das ist ein ähnlicher Aspekt. Wenn du nicht verstehst, was vor sich geht, dann bist du gezwungen, einfach mit dem zu sein, was gerade geschieht. Wenn du verloren bist, dann koste einfach den Geschmack der Verlorenheit – es ist nur ein anderer Geschmack als das Gefundensein, das darauf folgt. Und wenn du das Verlorensein kosten kannst wie das Gefundensein, dann hast du gefunden, was dem Verloren- und dem Gefundensein gemeinsam ist. Damit hast du die Dualität zwischen den beiden transzendiert. Wenn du sie einmal transzendiert hast, bist du nicht mehr ihr Opfer. So lange du sie aber nicht transzendiert hast, ist das Verlorensein schlecht und das Gefundensein gut. Wenn du jedoch einfach bei dir sein kannst – auf einer Ebene, die sowohl Gefundensein als auch Verlorensein als alternative Wirklichkeiten akzeptiert, die vorübergehend durch dein Wesen ziehen –, dann wirst du niemals wieder ein Opfer des Verlorenseins werden. Du wirst einfach „Aha“ sagen.

Der vierte Tip heißt also: Sei einfach ganz gewöhnlich, nichts Besonderes – und du bist frei! Frei, um dich selbst auszukosten, dein Leben, den Augenblick, dein Wesen. Und wenn du dein Wesen wirklich schmeckst, dann schmeckst du alle Wesen.

Dann bist du im Sein, dann bist du ein Teil davon und alles Sein ist ein Teil von dir.

Der fünfte Tip:

Gib's auf, ein guter Mensch zu sein - wenn du dich traust!

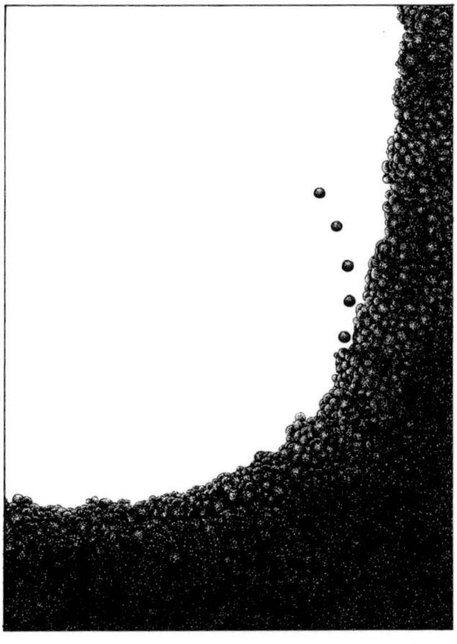

Eins der größten Hindernisse auf dem Weg, einer der Gründe, die uns den Berg hinaufklettern lassen – und der Berg ist sehr klebrig –, ist etwas, das schon seit Anbeginn unseres Lebens in uns eingepflanzt worden ist. Bis auf wenige Ausnahmen hat das jeder Mensch, und in gewisser Weise ist es auch notwendig: der Vorsatz, ein guter Mensch zu werden. Aber man muß jeden Gedanken daran fallen lassen.

'Oh, aber wenn das so ist, dann...', sagen sich die Leute, 'wenn das so ist, dann folgt daraus...'

„Was du vom anderen erwartest, das tue auch für ihn!" sagte Jesus. Und die Schlußfolgerung von Immanuel Kant, dem großen Philosophen, lautete: „Behandle deinen Nächsten wie dich selbst!" Aber was ist, wenn du nun zum Beispiel ein Masochist bist und das Motto befolgst 'Was du vom anderen erwartest, das tue auch für ihn'...?

Man kann auch zu einem höheren Grad der Einsicht gelangen, dann sagt man: „Ja, ja, es ist richtig, zu machen, was ich will, so lange ich dabei niemand anderen verletze." Es gibt eine schöne Geschichte von einem Amerikaner namens Richard Bach, der auch das berühmte Buch übers Fliegen geschrieben hat: „Die Möwe Jonathan". Sein neues Buch heißt „Illusionen". Darin tritt eine Art Magier auf, der einem andern das Zaubern beibringen will. Und der Zauberlehrling kommt auch zu dem Schluß – nach allem, was er von diesem Magier gelernt hatte: 'Ja, ich sehe, daß ich wirklich tun kann, was ich will, so lange ich dabei niemandem wehtue.' Daraufhin beschwört der Magier aus der Luft eine seltsame Figur, die durch den Morgennebel plötzlich auf der Bildfläche erscheint.

Sie sieht gleichzeitig fürchterlich und jämmerlich aus, offensichtlich ist sie verzweifelt. Dieses Wesen nähert sich den beiden Männern und klagt: „Ich bin am Ende. Ich brauche eine Portion Blut." Sie erkennen es immer deutlicher, und mit seinen großen Zähnen beugt es sich auf sie nieder... – aber es heult tatsächlich, schluchzt: „Bitte helft mir! Eine halbe Portion ist alles, was ich brauche!" Der Zauberlehrling stößt ihn fort und ruft: „Noch einen Schritt weiter und ich schlag dir den Kopf ab!" Aber der Vampir heult nur noch lauter und fleht: „Bitte, bitte! Ich will dir nichts Böses antun, aber wenn du mir das Blut nicht gibst, dann werde ich entsetzlich leiden. Du siehst doch, wie schlimm es mir jetzt schon geht! Ohne dieses Blut muß ich elend verrecken, also bitte, bitte...!" Natürlich hat der Zauberlehrling kein Mitleid.

Ich glaube, er hätte jemanden wie Anatala gebraucht, die uns allen dieses gute Essen vorsetzt. Sie würde sagen: „Also, das ist eine ungewöhnliche Bestellung. Jetzt wollen sie auch noch Blut." Sie schaut im Schrank nach, aber sie kann keines finden. Sie schickt ihre Leute zum Einkaufen, aber die kommen mit leeren Händen zurück, höchstens vielleicht mit etwas Schweineblut, aber das hilft nicht. „Okay", sagt sie und schneidet sich eine Ader auf, läßt das Blut in eine Flasche laufen, vielleicht in Leonores Nuckelflasche, und serviert es auf einem silbernen Tablett. Für so etwas braucht man eine Anatala, jemand, der immer zuerst an andere denkt – oder jedenfalls gerne so wäre. Der Zauberlehrling aber ist zuallererst ein Mann. Das ist eine seltene Eigenschaft, aber wenn du sie irgendwo entdeckst, dann gibt es sicher eine Frau, die sagt: „Erst du, dann ich." Zum Glück haben wir hier einige von dieser Art, deshalb habe ich auch so einen guten Service.

Dieser Mann jedoch ist entsetzt und ruft: „Keinen Schritt näher!" Dann aber winkt der Magier mit der Hand, und der Vampir verschwindet. „Und du hast gesagt, daß du andere Leute nicht verletzen willst? Diesen Vampir hast du verletzt! Er war verzweifelt. Er hat dir gesagt, daß er durch die Hölle gehen und fürchterlich leiden muß, wenn du ihm kein Blut gibst! Und du schickst ihn fort und läßt ihn weiter leiden! Was bist du nur für ein Christ?" Er hätte Demut üben müssen, wie Terton. Wenn du etwas tust, wozu ein anderer dich überredet hat – auch, wenn nicht gerade dein Blut abgezapft wird –, dann geschieht genau das: dieser andere ist ein Vampir, und wenn du mitspielst, dann gibst du ihm dein Blut. Das Blut selbst ist bald wieder ersetzt oder vergessen, aber du hast es getan.

Anstelle von 'Was du vom anderen erwartest, das tue auch für ihn', könnte das erste Prinzip heißen: 'Behandle den anderen genau so, wie du dich ihm gegenüber fühlst'.

Es ist natürlich ein Image, wenn man die Vorstellung hat, ein guter Mensch zu sein – so subtil es auch sein mag. Selbst wenn du diese Vorstellung nur in Umrissen kennst und nicht genau weißt, wie sie aussehen soll, selbst wenn du sie viele Male ausprobieren mußt: sie gehört zum Image. Meister Eckart pflegte zu sagen: 'So lange du dir noch Bilder machst, wird Gott nicht zu dir kommen, denn Gott ist ohne Bild.' Anders ausgedrückt: Er ist alle Bilder und keines, deshalb kann er nicht kommen, so lange noch irgendein bestimmtes Bild vorhanden ist. Er sagte das zu einer Zeit, als so etwas wirklich revolutionär war: Gott kommt nur unter einer Bedingung zu dir – wenn du dich selbst so sein läßt, wie du bist.

Wenn du versuchst, ein guter Mensch zu werden, eine Größe, ein Liebhaber, eine Berühmtheit, eine beliebte oder mächtige Persönlichkeit, dann manipulierst du dich selbst, um in dieses Bild hineinzupassen.

Suzuki, der große japanische Lehrer des Zen-Buddhismus, ein erleuchteter Interpret – so jemand ist extrem selten zu finden – schreibt in einem seiner Bücher, ich glaube, in der „Einführung in den Zen-Buddhismus“: Um die Ebene der Spiritualität zu erreichen, muß man jegliche Vorstellung von Moral fallenlassen.“ Er sagt: „Wenn man die spirituelle Wirklichkeit erreicht, dann wächst daraus von selbst eine Moral hervor.“

Es gibt da einen enormen Unterschied. Wenn du die Moral zu einem Image machst, dann wird sie zu einem Korsett. Wenn sie sich aber von selbst entwickeln kann, dann ist sie überhaupt kein

Zwang mehr, sondern der natürliche Ausdruck eines Seinszustandes. Wenn du diese spirituelle Ebene erreichst, dann bist du mit allem verbunden, und deshalb kannst du viele Dinge einfach gar nicht machen, die dir eigentlich möglich wären. Dann ist es undenkbar, vorsätzlich Leid zu erzeugen. Es ist undenkbar, jemandem etwas anzutun, um selber einen Vorteil zu gewinnen. Weil du nichts willst, bist du zufrieden. Du bist dort, wo du zufrieden bist. Was hätte es also für einen Sinn, jemanden zu manipulieren? Wenn du alles hast, was du willst, dann wünschst du dir nicht mehr Macht, nicht mehr Liebe oder sonstwas.

Es gibt noch einen andern Grund, jemanden zu manipulieren, außer um etwas zu bekommen: *sich zu schützen* – vor Schmerz, vor Leiden, Eifersucht, Verletzung, Unsicherheit. Wir schützen uns vor diesen Unannehmlichkeiten, indem wir andere Menschen manipulieren. Aber wenn du über diesen Dingen stehst, gibt es keinen Grund mehr, jemanden zu manipulieren – selbst, wenn noch ein Rest von ihnen geblieben sein mag. Aber durch den kannst du hindurchgehen, weil du weißt, daß du ihn auf diese Weise noch eher loswirst. Dann sind all deine Fenster und Türen offen, und du akzeptierst einfach, was der Wind dir hereinweht. Du begrüßt es und sagst: 'Jetzt geschieht dieses, und nun geschieht jenes. Ich kann mir einfach nicht mehr vorstellen, jemanden zu beeinflussen, damit etwas anderes passiert. Etwas anderes ist nicht besser als das, was gerade jetzt geschieht, also was soll's.'

U. G. Krishnamurti, ein Erleuchteter, sagt: „Handeln ist die höchste Moral." Dein spontanes Handeln, aus dem Moment geboren, als Antwort auf die Wirklichkeit, in der du dich gerade befindest, ist die höchste Moral. Das ist eine sehr extreme Art des Lehrens. Ich habe vor Jahren bei Meister Eckart etwas gelesen, das mich erschütterte. Er spricht über die 'Innere Geburt', diese Wiedergeburt der Seele oder das Erkennen der Seele als dem wahren Zentrum, aus dem heraus wir leben. Er sagt: wenn diese Wiedergeburt einmal stattgefunden hat, dann kannst du bei der Hinrichtung deines Vaters oder deines besten Freundes zuschauen und deine innere Freude und Zufriedenheit würden nicht absinken. Du wärest in einem solchen Zustand des 'Ja', in einer Feier des

Lebens, daß du ohne mit der Wimper zu zucken dabeisein könntest, wenn dein Vater und deine besten Freunde umgebracht werden – dabeisein, nicht nur davon hören. Es klingt unglaublich, daß ein religiöser Mystiker so etwas gesagt haben soll, aber für mich ist es nicht mehr undenkbar. Seht ihr, um zu verstehen, zu akzeptieren und zu begreifen, daß es auch auf euch zutreffen könnte, müßt ihr hinschauen können und nicht nur einfach glauben, daß der Tod keine Bedeutung hat.

Dein Gleichgewicht liegt jenseits der Störung. Das ist, wie wenn man aufhört, Eifersucht zu fühlen, die auch eine Art Tod ist. Die Eifersucht hört auf, wenn man darüber hinausgewachsen ist, wenn der eigene Schwerpunkt jenseits der Stelle liegt, von der die Störung ausgeht. Es ist nicht so, daß die Eifersucht wirklich abgelegt ist. Eifersucht basiert auf der Annahme, daß es einen Unterschied zwischen dir und dem anderen gibt. Dadurch gibt es auch Dinge, die eher zu mir gehören, eher zu dir oder zu jemand anderem, und auch ein anderer Mensch gehört dann zu dir, nicht zu einem anderen. Unser Verstand begreift manchmal intuitiv, daß dies ein Unsinn ist, und trotzdem leiden wir darunter. Aber man kann ohne große Schwierigkeiten dort sein, wo Eifersucht einfach gar nicht stattfindet. Daraus schließt du nicht logisch: 'Nun, es ist nicht gut, eifersüchtig zu sein, weil dieser andere Mensch, der mit meinem Freund zusammen ist, auf einer anderen Ebene eigentlich ich selber bin – also ist mein Freund in Wirklichkeit immer noch mit mir zusammen, also macht es mir nichts aus.' Das ist zwar wahr, aber es hilft nicht viel, sich das nur zu sagen. Aber du kannst auf eine Ebene gelangen, auf der dies einfach ein intuitives Gefühl ist. Du mußt es dir nicht einmal sagen, weil du dann in diesem Zustand bist, in dem es nicht einmal das Zusammenzucken gibt – oder wo selbst das leiseste Schaudern so weit fort ist, daß es dich nicht stört. Es gibt eine andere Welle, die viel stärker ist: Teil des Einsseins zu werden. Wenn also die Eifersucht ein kleiner Tod ist, über den man sicherlich hinausgehen kann, dann ist sie möglicherweise dem ähnlich, was wir Tod nennen: vielleicht kann man auch *darüber* hinausgehen. Wenn ich also jemanden sehe, der eifersüchtig ist – und die Leute sind immer eifersüchtig –, stört es mich nicht, daß der und der eifersüchtig ist auf den und den. Ich bin ein bißchen neugierig und frage: „Wirklich? Was passiert? Was verursacht die Eifersucht?", aber ich fühle mich nicht im geringsten gestört. Darum sagt Eckart, daß es diesen Ort gibt, an dem du auch von einem Gemetzel nicht gestört wirst.

Nun, wenn jeder den andern so behandelt, wie er ihn behandeln möchte, was passiert dann? Mancher wird sagen, wenn das geschieht, dann fliegt die Welt in die Luft. Gaddafi wird sich die Hände reiben und sagen: „Großartig! Jetzt kann ich endlich machen, was ich will!" Aber ich glaube, daß er das ohnehin schon tut.

Wenn also jemand den Magier fragt: „Was passiert, wenn die Welt in die Luft fliegt?", dann antwortet dieser: „Nun, dann tut sie es eben. Aber Lebewesen werden immer einen Planeten finden, auf dem sie leben können. Wenn es diesen hier nicht mehr gibt, dann gehen sie woanders hin." Was ist schon ein einzelner Planet? Es gibt hunderttausend Millionen Sterne in unserer Galaxis. Regt euch nicht auf! Und es gibt nochmals so viele Galaxien. Könnt ihr euch das vorstellen? Nochmal so viele Galaxien, alle mit hunderttausend Millionen Sternen. Das sind hunderttausend mal hunderttausend Millionen. Was ist dagegen ein schäbiger, schmutziger Planet wie die Erde? Die Wildgänse werden einfach abfliegen in den Weltraum und sagen: „Dieser Ort sieht schön aus. Viel Platz, um ein Zentrum aufzubauen", und unser Spiel geht weiter. Vielleicht eine Änderung: Chaitanya arbeitet nächstes Mal in der Küche.

Das ist eine gewaltige Lehre, denn sie führt ins Nichts, wie ihr seht. Sie wird grenzenlos, denn wenn du sie auf diese Weise verbreitest, wird immer jemand sagen: „Ja, aber wenn das passiert und wenn jemand dabei getötet wird, dann ist das ja Krieg, dann wird dieser Planet verschwinden!" Du mußt sagen können: „Nun, wenn das passiert, passiert es eben."

Aber das wird natürlich nicht geschehen, wenn wir schnell genug auf die spirituelle Ebene kommen, von der Suzuki spricht. Dann entwickelt sich eine Moral von selbst, dann gibt es keine Eifersucht und auch keine Gewalt, die mit ihr einhergehen kann, dann gibt es keine Gewalt, die mit der Wut einhergehen kann –

wenn es dann Wut gibt, ist sie nichts als ein lokales Ereignis, das im gleichen Augenblick kommt und schon wieder geht. Du bist einfach nicht vorhanden, dann existiert auch kein Zorn. Du bist wieder ganz neu.

Es ist wie ein großes Spiel, nicht wahr? Die Kontrolle aufzugeben, dich – und damit natürlich auch andere – nicht mehr zu manipulieren, dich *du selbst* sein zu lassen. Die Gefahr dabei zu spüren und trotzdem irgendwo zu fühlen, daß du diese spirituelle Ebene erreichen wirst, auf der die Moral von selbst entsteht. Oder die Balance halten zu können – den Seiltanz: einen Teil des Images loszulassen, ein Stückchen tiefer in dich hineinzugelangen, hinauszukommen über die Eifersucht, das Besitzdenken, immer weitergehen, immer weiter loszulassen, und Schritt für Schritt dorthin zu gehen – anstatt mit einem Satz, und dann nur zu sagen: „So, jetzt tue ich nur noch, was ich will!"

Der fünfte Tip ist also dieser: Gib's auf, ein guter Mensch zu sein – *wenn du dich traust!*

Der sechste Tip:

Steig einfach aus dem Denkprozeß aus – und du bist erleuchtet!

Die unmittelbare Reaktion des menschlichen Systems auf alles, was sonderbar, *strange* erscheint, ist die Vermeidung – man verhandelt damit, man läuft davor weg, nur um das Gleichgewicht zu bewahren. Das Sonderbare ist bedrohlich. Gott klopft immer mit dem Seltsamen an. Wenn dir etwas widerfährt, worauf du nicht vorbereitet bist – oder, noch schlimmer: was du nicht geplant hast, aus heiterem Himmel –, dann wirst du deiner selbst sofort ganz stark bewußt. Du bist da.

Ob du nun gerade harmonisch, unbewußt oder ausgeglichen bist – in bestimmter Weise bist du dir deiner selbst dabei nicht bewußt, oder du mußt zumindest eine Anstrengung machen, um bewußt zu sein. Nun ist natürlich die Harmonie das Ziel, mit ihr befaßt sich ja auch einer dieser Tips. Aber ich spreche über einen Zustand des Einklangs, der nicht mehr gestört werden kann. Und wenn du durch etwas Unerwartetes gestört wirst, dann hast du noch nicht die letzte Harmonie erreicht; daran kannst du das erkennen. Also sagt dir das Seltsame eines Ereignisses: *sei jetzt hier!* Sei bewußt, bleib bei dir selbst, auch in diesem beunruhigten Zustand; nimm auf, was geschieht und laß die Wellen sich beruhigen. Der Zustand, in den wir zurückkehren, ist ein zeitloser Zustand. Wenn er zeitlos ist, obwohl die Zeit in der Welt existiert, dann muß sich ein Mensch, der diese Zeitlosigkeit berührt hat und immer noch auf der Welt ist, in einem Zustand befinden, der mehr oder weniger unveränderbar durch die Zeit ist. Zeit ist Veränderung, Veränderung ist Zeit. Wie kannst du etwas verändern ohne die Zeit? Veränderung ist eine Entwicklung, vorwärts, rückwärts oder seitwärts. Wie soll ein solches Phänomen ohne die Zeit stattfinden?

Wenn also jemand die Zeitlosigkeit erreicht hat, wenn du selbst darin sein kannst, muß das bedeuten, daß keine Veränderung mehr stattfindet. Das bedeutet, daß dich nichts mehr wirklich aus der Ruhe bringen kann, daß sogar das Ungewöhnliche, das Unerwartete dich nicht mehr durcheinanderbringt.

Somani war mit uns ein paar Tage auf der Rigi-Gruppe*). Als wir wieder zuhause waren, kam sie noch am gleichen Abend zu mir und sagte: „Es war wunderschön, hab vielen Dank", denn sie war in diesen Tagen sehr nah mit mir zusammen, sorgte für mich und begleitete mich fast die ganze Zeit. Die Wirkung war schön für sie und die Gruppe auch – und dazu der Schnee. Es war wirklich eine starke, schöne, fließende Zeit für sie. Und dann sagte sie zu mir: „Aber jetzt, seit wir zurück in der Belsitostraße sind, ist alles anders." Ich sagte zu Somani: „Für mich hat sich nichts geändert. Ich sitze heute abend am Tisch und spreche mit Amida. Es ist genau so wie gestern abend, als ich auf der Rigi mit Amida gesprochen habe. Natürlich gibt es ein paar Unterschiede in der Umgebung, aber das macht nichts, ich habe das Gefühl, daß sie keine wirkliche Bedeutung haben. Nichts hat sich geändert." Wenn du also sagst, Somani, es ist alles anders – was ist dieses „es"? Mein „es" hat sich nicht verändert und ihres ist jetzt ganz anders. Es gibt kein „es". Sie hätte sagen müssen: „Jetzt, wo wir wieder zuhause sind, bin *ich* ganz anders." Und ich sage: „Nun sind wir daheim, und ich bin noch genauso."

Ein *es*, das als eine Sache identifizierbar wäre, existiert nicht.

Und dann die andere Seite: Ein bißchen später am gleichen Abend – es kann auch früher gewesen sein – kam Kayo zu mir und sagte: „Weißt du, wenn du nicht hier bist, fühle ich mich wohl, dann ist dies der Platz, an dem ich lebe. Es fühlt sich gut an, hier zu sein. Wenn du zurückkommst, spüre ich den Unterschied. Auf einmal kommt etwas Zusätzliches, etwas, das ich in gewisser Weise vergessen hatte, kam mit dir zurück – plötzlich war es wieder da. Es ist total anders, wenn du hier bist." Und auch sie meint in gewisser Weise: „*Ich* bin anders, wenn du hier bist." Natürlich wird sie durch meine Gegenwart beeinflußt, durch die Energie, die ich mitbringe

– aber *sie* ist es, die anders ist. Es ist also wieder das Gleiche: man muß einen Ort in sich finden, wo es keinen Unterschied macht, ob jemand kommt und geht oder ob *du* kommst und gehst.

Einer der Namen für Buddha war: *Tathagatha* – er, der kommt und geht und doch nicht kommt oder geht. Es gibt etwas in dir, das von der Situation unberührt bleibt, von der Umgebung, der Gesellschaft, der Tageszeit, deinem Alter, deinem Geschlecht, deiner Herkunft und deiner Heimat. Das sind alles lokale Phänomene. Wenn du dich mit irgendwas in diesem besonderen Leben identifizierst – ob es ein Zuhause sei, eine Arbeit, ein Mensch, eine Tätigkeit, eine Begabung –, dann machst du es dir schwerer, diesen Ort zu finden. Denn sie sind nicht zeitlos. Man soll sie genießen, aber der Zeit unterliegen auch sie.

Der Schlüssel zu dieser Zeitlosigkeit ist die am häufigsten auftauchende, zeitloseste und immer wieder von den Menschen auf der Suche nach der Zeitlosigkeit benutzte Methode: der Schlüssel der Bewußtheit. Und die Bewußtheit kann, sie soll sogar andauernd sein. Jetzt geschieht dies. Dann geschieht jenes, dann wieder etwas anderes.

Wenn du fortwährend beobachtest, dann hat dieser Beobachter schließlich die Qualität einer beinahe ständigen Anwesenheit. 'Beinahe ständig', weil man den Beobachter nicht beobachten kann – das wäre einfach eine Wiederholung in sich selbst. Gut, in gewisser Hinsicht kann man den Beobachter beobachten, aber die beiden Beobachter verschmelzen miteinander. Wenn du vergißt, aufmerksam zu sein, dann schaust du nicht hin. Wenn du einen wirklich guten Beobachter hättest, dann könntest du mit dem Beobachten nicht aufhören. Aber natürlich weiß jeder von euch, der sich in dieser Bewußtheit geübt hat – und ihr müßt das alle gelegentlich getan haben –, daß das Beobachten einfach aufhört, und dann erst merkst du, *daß* es aufgehört hat. Diese Entdeckung ist wieder ein neuer Beginn der Bewußtheit: 'Ah, ich habe vergessen, bewußt zu sein!' *ist* Bewußtheit.

Und es gibt immer einen Punkt, wo man am wenigsten bewußt ist. Man sollte diese Punkte bei sich selber kennen. Wir haben viele verschiedene Blinde in der Wild Goose Company. Das sind Leute wie Punita, Jnani, Dana, manchmal ein bißchen auch Astra. Wenn sie sprechen, sind sie nicht bewußt. Manchmal sieht man sie in Meditation sitzen, man sieht Punita herumgehen und dies und jenes im Haus erledigen: mit einer wirklich großen Bewußtheit. Wenn man dann aber etwas zu ihr sagt, wird sie mit dieser hohen Stimme sprechen, und die Bewußtheit ist verschwunden. Das klingt dann wie eine Schallplatte, die man mit 45 statt mit 33 Umdrehungen laufen läßt, auf einem alten Grammophon mit kratzender Nadel. Nun, ich kenne Punita gut genug, um zu wissen, daß sich das augenblicklich änderte, wenn sie sich bewußt würde, wie sie redet. Und Dana hier ist eine der meditativsten *Geese.* Aber wenn sie redet, ist es aus mit ihr. Sie redet wie ein Schwarm Möwen am Ufer beim Fische-Fangen. Und wenn Jnani kommt und mit mir redet, muß ich wegrennen! Ich möchte hinter dem Vorhang verschwinden, er ist wie ein Maschinengewehr. 'Ratatata, Isch, Wisch' in seinem deutschen Englisch 'Hompf Hompf Hoin'. Es ist schrecklich. Ich brauche eine kugelsichere Weste, wenn ich Jnani hereinkommen sehe. Er ist der Schlimmste – besonders mit mir. Schon die Stimme. Sonst ist er in Ordnung – nur diese Stimme. Er ist ein liebenswürdiger Mann, ein deutscher Gentleman. Wirklich! Ungemein höflich, viel Liebe, aber wenn er mit mir spricht, stehen mir die Haare zu Berge. Und Astra kann so viele Sprachen; aber in jeder Sprache steckt immer noch Astra. Ein bißchen wie jemand unten auf dem Flohmarkt: „Hereinspaziert, hereinspaziert! Die neueste Mode aus Italien, Deutschland, England, Dänemark und überall aus Ost und West!"

Euch sage ich: Macht einfach eine Meditation daraus – nicht um sofort und für alle Zeiten zu verstummen. Aber in dem Augenblick, in dem ihr sprecht – und ich denke, ihr werdet das zumindest in den nächsten Tagen nicht vergessen –, werdet euch bewußt, *daß ihr sprecht.* Erinnert euch an diese kleine Übung von neulich morgen, als wir die Hand hin und herbewegt haben. Ich sagte: „Schön, jetzt seid bewußt!", und sofort wurden die Hände langsam. Und dann sagte ich: „Laßt die Hände sich bewegen und bleibt so bewußt wie ihr könnt." Und die Hände bewegten sich, weder schnell noch fast gelähmt. *Das* ist die Bewußtheit, von der ich rede. Aber um die Balance zwischen Bewußtheit und Aktivität zu erreichen, dürft ihr zuerst mal fast überhaupt nichts sagen; e-x-t-r-e-m l-a-n-g-s-a-m s-p-r-e-c-h-e-n, e-u-r-e s-p-i-r-i-t-u-e-l-l-e-n W-e-g-g-e-f-ä-h-r-t-e-n w-e-r-d-e-n e-u-c-h t-o-t-a-l v-e-r-s-t-e-h-e-n.

Und dann gibt es andere Leute, die vollständig unbewußt und geradezu gelähmt werden, wenn man sie gefühlsmäßig berührt. Ich weiß nicht, ob ich die Namen überhaupt nennen muß, wie die von Amida, Kayo und Anatala. Wenn man zu denen etwas sagt – wie gerade jetzt –, dann erhebt sich sofort ein innerlicher Sturm: 'Ja, aber wie ist es damit, und ich habe es so verstanden, und so weiter...' – nach ungefähr drei Tagen landen sie wieder, lächeln und sagen 'Was sollen wir als nächstes tun?' und ihr Leben geht weiter. Drei Tage. Bei Kayo dauerte es normalerweise drei Wochen, aber jetzt hat sie es schon auf drei Tage gedrosselt. Eine ernstliche emotionale Störung, und nicht nur die Welt ist am Ende, sondern auch Kayo und Amida auch. Anatala ebenso, zwar nur kurz, aber dafür völlig.

Und dann gibt es noch jene, für die Bewußtheit am schwierigsten ist: die Leute, die in ihren Köpfen sitzen. Wenn man sich einmal entschlossen hat, sich beim Reden bewußt zu sein, ist es keine schwierige Sache, das auch zu tun. Es ist sehr einfach, gleichzeitig zu reden und bewußt zu bleiben. Es ist auch ziemlich leicht, emotional und zugleich bewußt zu sein. Einerseits ist es zwar schwierig, weil das Gefühl so stark ist, aber andererseits ist es leicht, weil du nicht daran vorbeikommst. Du mußt es nicht erst suchen und sagen 'Nun, wo ist meine Wut, meine Verletzung – ich habe sie doch irgendwo gesehen?' Sie ist offensichtlich, sie ist genau hier, sie haut dir auf die Nase. Darüber kann man nicht hinweggehen. Aber bewußt zu sein, während man denkt, ist am schwierigsten, und das ist der Punkt, an dem einige Leute sich verlieren.

Dort ist es, wo das ganze CEC baden geht. Das ist das CEC-Syndrom. *(CEC = „Cosmic Energy Connections" – ist die Öffentlich-*

keitsabteilung der Wild Goose Company.) Somani geht unter, wenn sie denkt. Ufo fliegt manchmal meilenweit fort, wenn er denkt. Er sitzt im Zimmer und meditiert, plötzlich fängt er an zu denken, und schon ist er fort. Da ist er wirklich ein Ufo, er hebt ab. Die Decke könnte einfallen, und nichts passiert; er wäre voll mit Staub bedeckt, und er würde einfach da sitzen. Da passiert etwas, und er sitzt da, denkt sich was aus und sagt 'Stört mich nicht, stört mich nicht!' Und Ummon und Bodhisattva – obwohl Bodhisattva gerade lernt, aus seinem Verstand herauszufinden – haben keinerlei Bewußtheit, wenn sie in ihren Köpfen stecken. Das Denken *wird* zur Realität. Und das Verflixte daran ist: daß Bewußtheit und Denken gleich aussehen. *(Lautes Gelächter im Publikum)* 'Aber ich *bin* bewußt! Ich bin *wirklich* bewußt!' Es ist schon schwer. Eines Tages werde ich einen Verrückten oder eine Verrückte finden und in das CEC setzen. Das wird's bringen. Jemand, der all diese Computer rückwärts laufen läßt. Das Unterste zuoberst. Der ganze Disketten mit wertvollem Material löscht und dabei irrsinnig lacht, auf die Tische springt, Goose Songs rückwärts singt und dazu trommelt.

Wenn in solchen Zeiten, wo du dir selbst verlorengegangen bist, etwas Ungewöhnliches passiert, wirst du entweder alles verpassen – Gott, der an deine Tür klopft – oder du bist gänzlich unvorbereitet, damit umzugehen. Es wird dich am Genick packen und dir den Hals umdrehen, bevor du es merkst – bevor du die Energie hast, es anzunehmen. Nur wenn du innen das Gefühl hast, einigermaßen damit umgehen zu können, kannst du es begrüßen. Versteht mich nicht falsch, wenn ich sage 'damit umgehen'. Ich meine nicht, daß *ihr* es seid, die *damit* umgehen. Ich meine, daß ihr es *aufnehmen* könnt, oder daß ihr damit eins werdet. Daß ihr eure Energie damit verbinden könnt.

Der Weg, den ich euch lehre, um auf diese andere Seite zu kommen, ist ganz einfach: auf der zweiten Ebene zu sein und zu erkennen, daß darin einfach ein Energiephänomen steckt. Ihr werdet da durchgehen. Ohne Frage. Aber um auf der zweiten Ebene tätig zu werden, braucht ihr viel Energie. Und wenn ihr schon auf dieser Ebene sein könnt, bevor die Störung eintritt, wird euer Bewußtsein mit diesem Phänomen mitwachsen. So, wie die Störung kommt, werdet ihr daran wachsen. Schlaft ihr aber, wenn sie kommt, wird sie sehr groß sein, und dann müßt ihr wirklich all eure Energie zusammenklauben, um in der Lage zu sein, unter den gegebenen Bedingungen damit umzugehen.

Ihr seht es am Horizont auftauchen. Ihr bereitet euch vor. Ihr ruft eure Kräfte und sagt: 'Schaut, der Orkan kommt. Seid bereit! Wir können nicht ausweichen, wir können nicht fortlaufen. Wir müssen uns stellen.'

Die *Null-Erfahrung* zu machen, was das gleiche ist, wie die *Erfahrung des Einsseins* zu machen, kann nur geschehen, wenn ihr aus dem gleichen Material seid wie *das, womit* ihr eins werden möchtet. Wir müssen zum gleichen Klang werden, zur gleichen Schwingung, zum gleichen Geruch, zur gleichen Qualität wie das, womit wir eins werden wollen. Es wird sich uns zuliebe nicht verändern. Es ist nicht so, wie wenn man zwei Teile Wasserstoff und einen Teil Sauerstoff nimmt – sagen wir, der Sauerstoff sind wir –, sie zusammenbringt und Wasser bekommt, das weder das eine noch das andere ist. Wir versuchen, uns mit etwas zu vereinigen, das immer gleich gewesen ist, das immer so bleiben wird, das sich nicht verändert, das alles einschließt – notwendigerweise auch dich, mitsamt deinem Versuch, dich damit zu vereinigen. Es wird sich nicht verändern – es ist unveränderlich. Das ist die Qualität, die Energie der Bewegung des Lebens selber. Es gleicht sich weder dir an, noch mir, noch uns. Die einzige Möglichkeit, dieses Gefühl der Einheit zu bekommen, ist: sich selbst den gleichen Geschmack zu geben. Dann werden wir *eins* und entdecken, daß wir das immer schon waren, wir sehen, daß seine Qualität in Wirklichkeit auch unsere ist. Dann erkennen wir auch, daß wir jetzt gerade mitten drin sind – und trotzdem nicht darin untergehen. Ein wenig wie eine punktierte Linie auf dem Wasser. Die Welle am Ufer, die auf den Strand schlägt – das ist das Gefühl – und die ein Teil des Meeres ist. Du kannst sagen: 'Sieh! Da ist eine Welle! Das habe ich mit *Welle* gemeint!' und dennoch gibt es keine Welle für sich. Wenn du dem Tao in deinem Leben folgst, fühlt sich das so ähnlich an. Du spürst 'Ja, hier ist etwas, das ich ICH nennen kann'. Und doch entspringt es aus dieser Sache, die überhaupt nichts mit dir zu tun hat, die so zu sein scheint wie alles um dich herum. Das ist die Null-Erfahrung: wie die Welle aus dem Meer. Die Welle ist das gleiche wie das Meer. Sie besteht aus dem Meer. Wenn du eine Probe aus der Welle nimmst und eine aus dem Meer hinter der Welle und im Labor untersuchst, sind sie identisch.

Deshalb ist alles, womit du dich identifizierst, und auch alles, was du meidest, eine Abtrennung von dieser Einheits-Erfahrung. Bewußt-Sein zu praktizieren bedeutet, sich auf eine Einheit hinzubewegen, wo der Verstand aus einem Guß besteht. Ein Satz aus dem Zen: 'Wenn der Verstand zum Teil des Ganzen wird, bist du am Rande der Erleuchtung'. Am Rande. Das heißt 'in Richtung auf'. Wenn der Verstand zum Teil des Ganzen wird – einige von euch müssen das schon manchmal so empfunden haben –, dann ist euer Verstand eine Einheit. Es mag noch ein paar kleine Wellen geben, vielleicht kommen ein paar Gedanken, aber auch das Gefühl, daß alles wie ein Teil eines Gewebes ist.

Wenn du diese Erfahrung machst, näherst du dich dem Zustand, in dem der Verstand einfach in den leeren Raum fällt. Und dann wird dein Verstand selbst zu einem solchen Raum – weil Bewußtheit auch Raum ist. Die Aktivität des Denkens *ist* die Front, die Grenze zwischen dir und der allgemeinen Bewußtheit. Wenn du denkst, dann bewegst du die Energie deiner Bewußtheit auf ganz bestimmten Wegen.

In dem Augenblick, in dem ihr aufhört zu denken, SEID IHR ERLEUCHTET! In diesem Moment SEID IHR ERLEUCHTET!!

Aber natürlich werdet ihr sofort anfangen, über die Tatsache nachzudenken, daß ihr nicht gedacht habt, und schon seid ihr nicht mehr erleuchtet. Denn eure Natur ist Bewußtheit, solange ihr nicht denkt. Diese Bewußtheit ist innen wie außen die gleiche. Es kann keine Grenze geben außer der Identität, die ihr als notwendig für euch anseht und die ihr zu bewahren versucht. Dann erkennt ihr, daß sie das gar nicht ist, laßt sie fallen, und (KLATSCH!) seid ihr da! Ihr seid die Welle *und* das Meer. Und alles ist einfach still und hier. Die Bewegung kommt aus dem Nichts, denn ihr seid ein Teil davon, und die Wellen gehen weiter und weiter, sie haben nie aufgehört. Sie waren immer schon ein Teil des Meeres.

Also ist euer Denken die Abtrennung von der Bewußtheit, wie die Substanz des Steins seine Abtrennung von der Realität ist. Das heißt, natürlich ist er nicht getrennt – der Stein ist ein Teil der Realität. Aber ich spreche über seine Identität als etwas Abgetrenntes, gewichtig, definiert, mit Konturen, die schwer zu brechen oder aufzulösen sind. Mit Säure kann man es schaffen; Wasser wird den Fels schließlich abtragen, wie die Steine am Strand zu Sand werden, der schließlich geradezu substanzlos wird. Das dauert viele, viele Jahre.

Aber du kannst das auch innerhalb eines Augenblickes schaffen. Du hältst nur die Aktivität deines Verstandes an, und fertig. Du erkennst einfach, daß du auch ohne diese Aktivität existieren kannst, und die Arbeit ist getan.

Und dann hast du jeden Tag Geburtstag.

So komm mit mir
dorthin
wo die Wasser wispern
das Lied
von der Ewigkeit

Der siebte Tip:

Es gibt nur das Hier und Jetzt - und dich darin

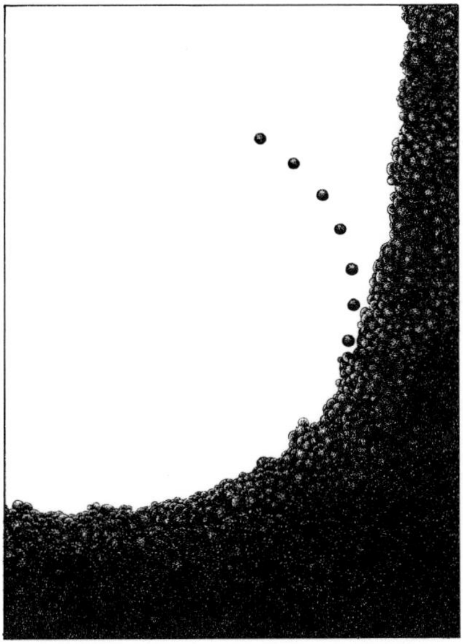

Es gibt viele verschiedene Arten von Menschen und deshalb gab es auch immer viele verschiedene Wege, verschiedene Methoden. In Indien existieren seit jeher drei Hauptmethoden: Der Weg des Handelns, als *'Karma-Yoga'* bekannt, der Weg des Herzens oder der Liebe, *'Bhakti'*, und der Weg des Verstandes, *'Jnana'*. Im Buddhismus gibt es einen Weg, bei dem die einzige Methode darin besteht, den Namen Buddhas oder Gottes zu wiederholen, das ist alles. Das höchste Mantra – keine Koans, kein Zazen, kein Meister, keine Lehre – einfach wiederholen: Namo Amida Butsu, was der Name Gottes ist. Und es gibt den Weg des Gebetes, den die Mohammedaner bevorzugen.

Es gibt viele Wege.

Als ich mit diesen Vorschlägen angefangen habe, die ihr ausprobieren könnt, sagte ich: sie werden nicht alle auf euch zutreffen, ihr müßt herausfinden, was zu euch paßt. Die Schwierigkeit ist, daß in gewisser Hinsicht alle auf euch passen. Sie passen alle auf jeden, weil alle euch dorthin führen, wo ihr hin wollt. Es gibt nur eine Spezies Mensch, obwohl es sehr viele verschiedene Typen davon gibt, und letztendlich enthält jeder alles, was menschlich ist. So ist der Weg der Hingabe für jeden möglich. Der Weg der Meditation ebenfalls. Der Weg der Liebe ist eine Möglichkeit für jeden.

Wenn ich also heute morgen über einen anderen Weg spreche, denkt daran: es mag nicht euer Weg sein, aber um das herauszufinden, müßt ihr ihn wirklich probieren, die Antwort eures Inneren spüren auf das, was ich sage.

Beginnen wir also mit einer Aussage eines Erleuchteten. Er sagt: „Bei der Erleuchtung geht es einzig darum, dein Sein, dein Bewußtsein ganz auszukosten." Dein Sein, deine Bewußtheit, die Realität deiner Energie auszukosten – sie sind das Unzerstörbare. Es heißt, Albert Einsteins letzte Worte – und sie sind sehr schön für uns – seien gewesen: „Ich bin nur Energie und nichts kann mich zerstören." Das war seine endgültige Erkenntnis. Sie hat nichts mit der Außenwelt zu tun, die er sein ganzes Leben lang erforscht hatte. Eine mystische Aussage: „Ich bin nur Energie und nichts kann mich zerstören, also seid nicht traurig, daß ich sterbe. Ich gehe nicht fort."

Ein Zen-Meister sagte zu seinen Schülern: „Seid nicht traurig, ich gehe nirgendwo hin. Wo sollte ich auch hingehen?"

Das Sein, die Bewußtheit, die Realität deiner Energie auszukosten, bringt dich dem Ewigen nahe, trägt dich über den Tod hinaus.

Vor Jahren sprach ich in den Gruppen öfter über den Tod. Ich machte ein Diagramm auf den Boden, mit Kissen oder etwas Ähnlichem, eine Reihe vertikaler Linien:

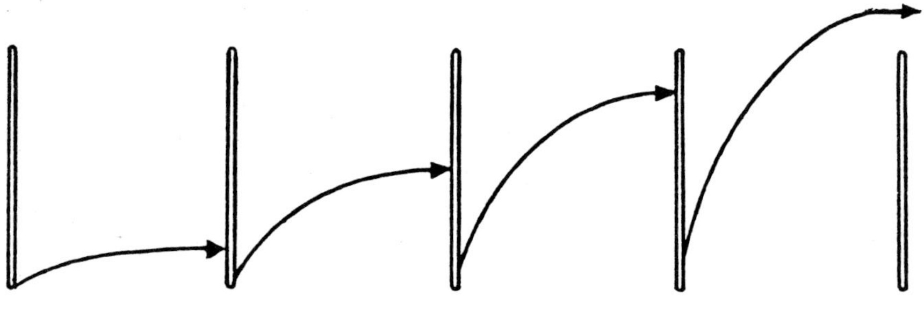

Und ich sagte: diese Linien stellen den Anfang und das Ende eines Lebens dar. Du trittst in dieses Leben, du reist zwischen diesen vertikalen Linien, du triffst auf diese hier und du stirbst. Du gehst zurück, irgendwo in die universale Energie, im nächsten Leben kommst du wieder, gehst hier entlang, knallst auf die Wand

– das ist dein Tod – und wieder gehst du unter in den niedrigen Regionen, Hölle, Himmel, Fegefeuer, wo auch immer du hingehen magst. Du kommst wieder nach oben, fft – und zurück. Der Körper trifft auf die Wand, stirbt, Ende. Die Identität, die Ego-Identität, die zum Leben gehört, liegt nun etwas höher, aber sie trifft immer noch auf die Wand, bricht zusammen, kommt wieder hoch, eine neue Ego-Identität wird aufgebaut, knallt gegen die Wand – und zurück. Aber wenn du deinen Schwerpunkt anheben kannst, wenn du im Verlaufe eines Lebens deinen Schwerpunkt über die obere Kante heben kannst, bist du *hier.* Du stirbst, du bist gestorben, du befindest dich im Bereich nach dem Tode, *nichts ist geschehen.* Alles, was mit dir stirbt, ist ein bestimmter Bereich von Energien. Ich sage immer wieder: 'bewegt euren Schwerpunkt', anstatt 'bewegt euch', denn ein Teil von euch ist bereits oberhalb dieser Wand. Aber wenn ihr nicht bei diesem Teil seid, sondern bei denen, die auf die Wand prallen, dann werdet ihr den Tod als ein Ende erfahren. Wenn ihr jedoch euern Schwerpunkt an eine Stelle oberhalb der Wand bringt, habt ihr immer noch einen Körper, einen Verstand; ihr seht den Körper fallen, sterben, das Herz bleibt stehen, ihr seht die Leute um euch versammelt, sie sagen: „Ah! Endlich sind wir ihn (oder sie) los!“ Und ihr seid die ganze Zeit da, denn es hat sich kein Zusammenstoß ereignet. Es *gibt* eine Kontinuität über den Punkt hinaus, den wir als Tod kennen.

Das ist es also, was Einstein sagte. Seine Aussage war nicht theoretisch – wenn man auf dem Sterbebett liegt, die letzten Atemzüge tut, kommt man nicht mit theoretischen Aussagen an, man ist ja schon in Gottes Armen. Er sieht in diesem Augenblick: 'Kein Grund zur Unruhe, ich bin hier oben, auf dieser Ebene, und ich sehe, daß ich dort wohl schon immer gewesen bin. Ich bin unzerstörbar.'

Wenn ich also diese Aussage zitiere: „Sein, dein Sein auskosten, deine Bewußtheit – das ist es, was die Erleuchtung ausmacht“, wenn ich sage: „Sei mit der Realität deiner Energie, sei im *Space *)* deiner Energie, und du wirst den Tod transzendieren“, ist es das gleiche, wie wenn ich sage: „Hebe deinen Schwerpunkt auf eine Ebene *über* dem Phänomen des Todes, jenseits des Phänomens der Geburt.“

Nun, ihr müßt klar sehen: für diesen Weg ist alles, womit ihr euch identifiziert, woran ihr festhängt, alles, woran ihr eure Energie verwendet, ein Teil der Realitäten im Bereich zwischen den Wänden. Sie ziehen euch auf eine Ebene herunter, die zerstörbar ist, die gegen die Wand krachen wird. Und so lange ihr euch mit solchen Dingen identifiziert, werdet ihr das Gefühl haben, auf diese Wand zu prallen, und es ist aus mit euch.

Deshalb kann ein Zen-Meister solche ‘letzten Worte’ sagen: „Schenkt den Äußerlichkeiten keine Beachtung.“ Es klingt wie ein Rückzug aus dem Leben. Er sagt: „Kümmert euch nicht um all diese äußerlichen Phänomene.“ Natürlich meint er das nicht wörtlich. Was er sagt, ist: kümmert euch nicht drum, was draußen ist, spürt nur eure Antwort im Inneren auf das, was von draußen kommt, und verdaut diese Antwort. Das ist Arbeit auf der *zweiten Ebene,* wie ich sie nenne, und es ist eine Möglichkeit, auf der Bewußtseins-Ebene eines Energiewesens zu sein, ohne sich vom Leben zurückzuziehen. Denn was ist das Leben für euch anderes, als die Erfahrung und die Reaktion darauf? Es ist nicht so, daß es draußen nichts gibt, daß alles eine Illusion sei. Aber es ist gewissermaßen unsere Interpretation von ‘draußen’, die unsere Realität bildet, und diese Interpretation basiert auf der inneren Antwort. In bestimmter Hinsicht ist nichts *an sich* schön. Deine Antwort schmeckt in bestimmter Weise, die du dann als ‘schön’ bezeichnest, aber die Schönheit ist in dir. Wenn du etwas anschaust und sagst ‘das ist schön’, dann ist die Schönheit in dir.

Wenn du auf eine bestimmte Energie-Form reagierst und beginnst zu meditieren, dann ist es unwichtig, wer oder was diese Antwort hervorgerufen hat. Wichtig ist, daß du auf diese Weise reagieren konntest. Als es *Alchemy*)* in Brüssel noch gab, kamen manchmal die Eltern der Leute zu Besuch. Das kam ein paarmal vor. Und sie setzten sich hin, vielleicht beim Dinner oder danach, und eine große Stille breitete sich aus, die es immer wieder in diesem Haus gibt – und in jedem Haus, in dem ich in den letzten Jahren gelebt habe. Wir meditierten nicht – die Stille breitete sich einfach aus. Und die Eltern schauten sich um, „Was ist los? Warum sind die alle so ruhig?“, dann tranken sie ein Glas Wasser, raschelten herum, husteten ein bißchen, zogen die Socken hoch und sahen herum: „Was ist los? Ist das jetzt die 'Stille Zeit'? Ihr habt uns nichts gesagt! Sollen wir jetzt still s... SOLLEN WIR JETZT STILL SEIN?" Und die Leute saßen einfach weiterhin still da, es ging weiter, und schließlich machten sie vielleicht auch noch die Augen zu, aber sie meditierten nicht. Die Besucher schlossen vielleicht auch die Augen und saßen mehr oder weniger ruhig – es gab nichts zu tun, weil niemand auf sie reagierte –, aber sie hatten nicht die Fähigkeit, sich einzustimmen. Dieser Bereich war ihnen nicht zugänglich. Wenn er es für euch ist, dann sagt das etwas über *euch* aus. Es heißt, diese Ebene steht euch offen, um sie zu betreten.

Nun, wenn ihr manchmal in diesen Bereich hineingeht, dann sorgt dafür, daß der Augenblick eures Todes auf solch einen Moment fällt. Wenn ihr solche 'manchmal'-Menschen seid, dann sorgt dafür, daß ihr genau *dann* eines eurer 'manchmal' habt. Sonst sind die ganzen 'manchmal', die euch beschieden waren, umsonst. Oder ihr werdet „Dauergäste" auf dieser Ebene. So, daß der Tod jeden Moment eintreten kann, und ihr dann sagt: „Aha. *Take no notice.* Ein örtliches Phänomen im Herzbereich – es hört auf zu schlagen."

In der Praxis bedeutet das, daß du im Hier und Jetzt sein mußt, wenn du in der Realität deiner Energie sein willst. Diese Realität deiner Energie gibt es nur im Hier und Jetzt, und wenn du sie findest, wirst du dich nicht um Vergangenheit und Zukunft kümmern. In Vergangenheit und Zukunft gibt es nichts für dich zu holen. Höchstens ist da eine Antwort in der Gegenwart auf eine Erinnerung aus der Vergangenheit oder eine Hoffnung auf die Zukunft. Wenn du also von Erwartungen besessen bist, ist es nicht notwendig, sie fallen zu lassen. Was du tun mußt, ist die Energien deiner Erwartungen auszukosten und dann die Energie deiner Enttäuschung.

Nun, Minerva ist zur Zeit in diesem Zustand. Oft, wenn ich sie anschaue, sehe ich Erwartungen in ihren Augen, und wenn ich wieder hinsehe, ist die Enttäuschung da, dann eine andere Erwartung und eine neue Enttäuschung. Dabei macht Minerva wirklich immer mehr das, wovon ich hier rede. Das Gefühl des Wünschens ist Realität, aber die Erfüllung des Wunsches ist keine, und selbst wenn sie zur Realität wird, ist sie *jetzt* noch keine. Bleib einfach im Augenblick.

Es gibt eine schöne Meditation. Das ist die Meditation, in der ihr die Arme in die Luft streckt und dort laßt. Sie bleiben dort, bis es weh tut. Der Schmerz sagt: laß deine Arme herunter, und dann sage ich: „Der Wunsch, die Arme fallen zu lassen, ist *an sich* still." Der Wunsch, sich zu bewegen, ist *an sich* still. Die Erwartung findet jetzt statt. Der Traum von der Zukunft ist eine gegenwärtige Erfahrung. Er bringt nur ein Gummiband an seinen Anfang zurück: *der Wunsch, die Erwartung ist ein Gummiband, das ins Nicht-Existente gedehnt wurde.* In der aktuellen Hier-und-Jetzt-Realität zu bleiben heißt, das Gummiband loszulassen. In dieser einfachen Übung gehst du durch den Schmerz – und das kannst du ganz leicht, bis du deine Arme sogar stundenlang oben lassen kannst, ohne müde zu werden –, und wenn du das mit dem Schmerz tun kannst, kannst du es auch mit deinen Wünschen, deinen Hoffnungen, deinen Träumen, deinem Ehrgeiz, deinen Erwartungen. Es ist immer *jetzt.*

Es ist immer *jetzt.*

Gestern habe ich einen Brief von Astra bekommen. Sie schreibt: „Als ich letzte Woche am Rigi für die Gruppe gekocht habe, empfand ich so viel aus- und einfließende Energie. Es gab viel Raum für mich. Und nun, zurück in der Belsitostraße, fühle ich mich eingeengt. Ich weiß nicht, wie ich hier meine Energie leben soll. Ich kann *'take no notice'* nicht anwenden. Sie ist zu stark. Was soll ich tun?"

Nun, es geht nicht immer darum, keine Notiz zu nehmen, Astra und alle, die es angeht, es kann darum gehen, voll und ganz Notiz zu nehmen. Der Wunsch, aktiv zu sein, viel zu tun zu haben, deine Energie auszudrücken, herumzurennen in dem Raum, der zur Verfügung steht, dieser Wunsch ist an sich still. Ich sage nicht, daß dies die einzige Antwort ist, aber es ist eine Antwort unter den Umständen, in denen wir uns befinden: daß man sich bewegen möchte und doch still hält, daß man den *Wunsch* nach Bewegung auskosten kann. Und wenn ihr das tun würdet, auch die Aktivsten unter euch, dann würde das Bedürfnis nach Bewegung in kurzer Zeit vom Augenblick aufgenommen werden, und ihr würdet euch einfach nur sehr lebendig und präsent fühlen. Es ist für den extrovertierten Typus schwierig, das zu tun, aber es ist möglich. Für introvertierte Menschen ist es leichter, weil sie das in gewisser Weise ihr ganzes Leben lang getan haben. Für jemand wie Anatala ist es einfach, mit einer Energiebewegung dazusitzen und sie nur im Hier und Jetzt als solche zu erfahren. Für andere ist es schwieriger, aber es funktioniert auch.

Astra sagt: „Ich sehne mich nach der Zeit, wenn wir viel Platz haben, uns ausbreiten können und mehr passiert."

Ja, viele von uns tun das in diesem Haus. Auf einmal ist es klein geworden, es gibt viel zu tun, und deshalb muß die Energie für die, die hier sind, kanalisiert werden, außer wenn sie die Glücklichen sind, die mit auf die Gruppen gehen können. Und wenn du das nicht kannst, dann ist dieser Ort, so wie er jetzt ist, nicht der richtige Ort für dich, denn so lange wir in diesem begrenzten Raum mit dieser Menge Leute leben, kann auch nichts anderes passieren. Wir können keine Disco im Ramakrishna-Zimmer aufmachen, oder ein Restaurant im Gurdjieff-Zimmer, obwohl wir dort praktisch eines haben. *(Dieser Talk wurde während eines Therapeutentrainings gegeben, als sich 50-60 Leute tagsüber in der Belsitostraße aufhielten – und alle ihr Mittagessen in einem Raum von 30 Quadratmetern einnahmen. D. Hrsg.)* Wir sind begrenzt, das ist die Realität, und bestimmten Leuten macht das nichts oder jedenfalls nicht viel aus, andere können das ausgleichen, weil sie regelmäßig auf Gruppen mitkommen, und bestimmte Leute werden es zur Zeit extrem schwierig finden. Wenn sie dann ihre Energie nicht kanalisieren können, wenn sie nicht sagen können: „Der Wunsch, die Wände hochzugehen, ist an sich still", dann ist dies hier nicht der richtige Ort für sie. Dann muß Astra wieder in die Welt hinausgehen, eine Arbeit annehmen und mithelfen, das Zürcher Wild Goose Zentrum aufzubauen. Das ist im Moment die einzige Möglichkeit.

Ich habe gerade Carlos Castanedas neuestes Buch angesehen, „Das Feuer von innen“, heißt es, nicht wahr? Und Don Juan spricht mit Castaneda über das Konzept des „Kleinen Tyrannen“. Das ist jemand, der Macht über dich hat, der dich zwingt – völlig ungerecht und total unterdrückerisch – etwas zu tun, der dich dominiert und der solche Gewalt über dich hat, daß du nicht einmal fortlaufen kannst. Don Juan sagt, das sei ein wahrer Segen für einen Krieger, für einen Sucher. Es ist ein Segen, weil es dich *zwingt, in dir* einen Platz zu finden, der von all diesem Terror unberührt ist. Er zwingt dich dorthin, wo du sagen kannst: „O. k. Sicher. Das also soll ich tun? Deine Stiefel lecken? Okay. Ist in Ordnung.“ Er sagt, daß auf diese Weise das größte Hindernis für den Sucher niedergerissen wird: der Eigendünkel. Ein Mensch, der sich selbst zu wichtig nimmt, kann niemandes andern Schuhe lecken. Das wäre unmöglich. Er würde lieber sterben. „Bring mich um!“ würde er sagen. Wirklich. Menschen sind für so etwas schon gestorben. Man kann das verstehen. Das ist erniedrigend, aber wenn du dich nicht mehr mit dem Ego identifizierst, dann verschwindet die ganze Vorstellung von Erniedrigung. Du kannst es tun und lachen. „Du denkst, du zwingst mich zu etwas? Es ist nichts. Du hast mich nicht berührt.“

All diese Weisen machen die gleiche Aussage, verschieden ausgedrückt. Don Juan sagt das gleiche wie der Zen-Meister: „Beachte keine Äußerlichkeiten.“ Wenn du das tust, was kümmert es dich dann, wenn ein kleiner Tyrann dich herumschubst?

Und dies mag die Schönheit von Sheela, der Sannyasin *), gewesen sein. Sie war für mich der extremste Typus des kleinen Tyrannen, dem ich im Leben begegnet bin, der Inbegriff. Sie war eine Verbrecherin, voll und ganz, von der schlimmsten Art, und sie hatte wirklich Macht; denn die meisten Leute hätten zwar entkommen können, aber sie wollten es nicht, weil sie mit Bhagwan*) zusammensein wollten. Wäre Bhagwan der Tyrann gewesen, hätten sie natürlich gesagt: „Bei diesem Menschen wollen wir nicht sein!“; sie wären gegangen. Aber Bhagwan war immer noch der wunderschöne Mann, der sie der Erleuchtung entgegen führte oder ihnen zumindest den Weg wies – ich meine das nicht ironisch, denn er kann das wirklich – und Sheela spielte den kleinen Tyrannen. Sie zog die Daumenschrauben an, besonders bei Leuten, die sie nicht leiden konnte, ganz nach Tyrannen-Art. Es gab schreckliche Geschichten: Menschen wurden in die Isolation im Krankenhaus geschickt, indem behauptet wurde, sie hätten AIDS – und sie waren so gesund wie Mu, die Katze – nur, um sie aus dem Weg zu haben. Der Inbegriff des kleinen Tyrannen! Die Leute um sie, die „O. k." gesagt haben, müssen wirklich ungeheuer viel dadurch profitiert haben.

Es ist nicht jedermanns Weg. Meiner war es nicht – nicht, daß sie Gewalt über mich hatte, aber es wäre schwierig geworden, denke ich.

Aber ihr seht, worauf es ankommt: es ist nicht wichtig. Wichtig ist es nur für den Teil von uns, der zum Bereich der Ziegelwand gehört. Wenn du also auf allen Ebenen angegriffen wirst, aus allen Richtungen, gibt es für diesen Teil nur einen Ort, wo er hingehen kann, und das ist oberhalb der Mauer. Seht ihr? Das ist die Wirkung. Wenn ihr nun aufhört, euch zu verteidigen, und es so seht, könnt ihr alles in dieser Weise benutzen.

So kann Astra ihr Gefühl benutzen, in diesem Haus zu sein und ihre Energie nicht ausdrücken zu können. Sie überlegt andauernd, wie sie damit umgehen kann. Immer wenn ich in letzter Zeit klingle *(Astra war Michaels Privatsekretärin. D. Hrsg.),* ist sie irgendwo anders: auf dem Postamt, hier, dort, im Bett. Sie hat so viel Energie, die sie nicht nutzen kann, daß man sie dauernd im Bett antrifft, am Überlegen, wie sie mit ihrem Energie-Problem umgehen soll. Und dann springt sie raus und sagt: „Jetzt weiß ich, was ich mache. Ich gehe im Wald spazieren." Also rennt sie in den Wald, wird müde, kommt zurück und geht wieder ins Bett. Und ich finde sie nirgends. So behandelt sie ihr Problem!

(Gelächter. Alle im Haus wissen aus eigener Erfahrung, daß diese Beschreibung etwas übertrieben ist – aber das heißt nicht, daß sie ganz danebengeht)

Nun, so wird sie mit ihrem Problem nicht fertig. Entweder muß sie die Geschichte mit den Armen in der Luft lernen und das im Hier und Jetzt spüren, im Hier und Jetzt der Belsitostraße 12, wo ich sie finden kann, wenn ich sie haben will – und nicht im Wald: „Ich war im Wald im Hier und Jetzt, habe meine Energie ins Hier und Jetzt kanalisiert, als ich unter einem Baum saß." Nein, Astra. *Hier,* in diesem Haus, machst du das. Oder sie muß sagen: „Das kann ich nicht", und sie muß wieder in die Welt hinausgehen.

Aber ihr seht: das ist wirklich der Schritt. Viele Lehrer sagen, daß es nur einen Schritt gibt, und ganz am Anfang meiner Suche erkannte ich gleich, daß dies der einzige Schritt ist. Ich erkannte: alles, was ich tun mußte, war einfach die gesamte Energie, alle sogenannten Bewegungs- und Ausdrucksenergien, ins Hier und Jetzt zu bringen. In der Lage zu sein, mit ihnen im Hier und Jetzt zu sein, ohne ihnen zu gehorchen. Ohne sie abzuschneiden, zu unterdrücken, ein Zombie zu werden *(spricht monoton)*: „Ich bin völlig im Hier und Jetzt. Ich bin auf dem Gipfel der menschlichen Wirklichkeit angelangt. Nichts kann mich mehr aus der Ruhe bringen" – die Dynamik zu spüren und in sich aufzunehmen. Um das zu tun, müßte sich das eigene Gefäß wirklich ausweiten. Die Fähigkeit, in der Intensität der Existenz zu bleiben, müßte zunehmen. Und sie sagen, daß wir nur einen winzigen Teil unseres Potentials an Lebendigkeit ausnutzen, weil wir sofort platzen würden, wenn wir zu offen wären, wie ein Ballon, der platzt, wenn er zu viel Druck bekommt. Ich sah das alles als eine Art Expansionsprogramm des *Seins* an, nicht des Ego, nicht des Selbst, sondern des *Seins* – bis das Sein so voll würde, so dynamisch im Hier und Jetzt, daß man den Ballon aufblasen könnte und eins wäre mit dem, was auf der andern Seite des Ballons ist.

Und du kannst diese Meditation benutzen: sei einfach hier und jetzt, hier und jetzt. Nun möchte ich dieses tun, koste das aus. Jetzt möchte ich jenes tun, koste auch das aus. Nun sehne ich mich nach diesem, nun nach jenem. Nun möchte ich gehen und dies tun, jetzt das. Nun möchte ich spazierengehen oder rennen – koste es aus. Ihr seht: ich sage nicht, daß etwas nicht daran stimmt, spazieren zu gehen oder zu rennen. Ich gehe selbst spazieren. Aber ich rede davon, fähig zu sein, *nicht* zu gehen, wenn die Umstände entsprechend sind: die Freiheit, es zu tun oder nicht zu tun, *unter keinem Zwang zu stehen, etwas zu machen* – der Zwang zu reden, zu husten, wo man nicht husten sollte. Wir haben einen Husten-Klub, nicht wahr? Vier oder fünf Leute bilden ihn. Wenn du draußen bist, dann huste wirklich gründlich. Wunderbar, mach die Lungen sauber! Aber hier in diesem engen Raum zu sitzen, mit fünfzig Leuten und einem, der spricht: *dann* in der Lage zu sein, *nicht* zu husten – das ist genau die Meditation, von der ich spreche.

Ich habe es so gelernt: ich war der Husten-Aufseher, saß vorne bei Rajneesh, wie Leela jetzt hier sitzt, beobachtete jeden, schaute, wer hustete um sie nächstes Mal zu warnen: „Komm nicht, wenn du erkältet bist oder Husten hast!" Und einmal mußte ich husten! Ich wollte husten, dabei war ich der Husten-Oberaufseher, es war unmöglich für mich zu husten. So mußte ich also stattdessen ersticken. Ich mußte die Kunst des Nicht-Hustens erlernen, und ich tat es. Ich durchdrang das Husten bis in den hintersten Winkel und den absolut untersten Ursprung, bis es einfach nicht mehr möglich war zu husten. Aber ihr hättet meine Gesichtsfarbe sehen sollen. Man kann es also machen, Niko Ume, auch auf Schweizerdeutsch. Du kannst es auch auf Schweizerdeutsch schaffen. Man kann alles schaffen.

Der Tip ist also: *Erkenne einfach, daß es nur das Hier und Jetzt gibt, und dich darin.*

Wenn du in jedem Augenblick da bist, gibt es keine Zukunft. Das heißt, es gibt keine anderen Erwartungen als die, die du dir ausdenkst. In gewisser Hinsicht gibt es gar keine Bewegungen wie Gehen, Rennen, Aktivsein, Liebemachen, Tanzen – lauter schöne Dinge, aber die tiefste Wurzel all dieser Dinge ist einfach eine Bewegung der Energie. Und wenn du all das benutzen und genießen kannst, kannst du sie dabei durchdringen und erkennen, was ihre Quelle ist. Du wirst in eine Welt der Stille kommen, die nicht von Lärm gestört werden kann und auch nicht durch Bewegung. Und wenn du dich bewegst, bist du still, und wenn du sprichst, Laute von dir gibst, singst, bist du still.

Und du kannst aufhören

wann

immer

du willst.

Der achte Tip:

Laß deinen Schwerpunkt los – und falle

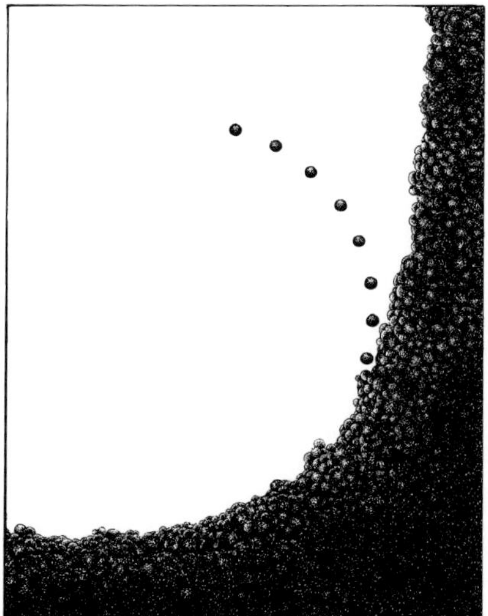

(Dieser Talk begann mit einem 15-minütigen Schweigen. Dann begann Michael zu sprechen, langsam, weich, während sich die meisten in einem Zustand tiefer Stille befanden, mit geschlossenen Augen.)

Der achte Tip hat also etwas mit Stille zu tun. Der Berg ist da, weil man *glaubt,* daß es ihn gibt. Wenn du deinen Schwerpunkt verlagerst, verschwindet der Berg, die Welt verschwindet und du auch – aber nicht wirklich. Wenn du deinen Schwerpunkt verschiebst, dann verschwindet die Eifersucht, die Angst, die Gewohnheit, die ganze Sichtweise. Der Schwerpunkt, den wir jeweils haben, entscheidet was wir sehen, was wir fühlen; er entscheidet über die Natur der Realität, die wir gerade erfahren. All das folgt aus dem speziellen Standort, den wir mit unseren Möglichkeiten gerade gewählt haben.

Wenn ihr euch plötzlich in einem Zustand erhöhter Bewußtheit befindet, werdet ihr nicht von Problemen bedrängt, die ihr in niedrigeren Bewußtseinsstufen gehabt habt. Aber wir vergessen, was wir im Zustand erhöhter Bewußtheit gesehen haben, denn in den niedrigeren Bewußtheitszuständen sind die höheren nicht enthalten. Deshalb verlieren wir dabei in Wirklichkeit nicht nur den Zustand, sondern auch das, was wir darin entdeckt haben. Wenn wir dorthin zurückkehren, ist es wieder da.

Aber der normale Zustand des Bewußtseins ist ziemlich zäh. Es ist schwer, von ihm wegzukommen.

Etwas, das unsere Verknüpfung mit unserem normalen Schwerpunkt lösen kann, ist die Stille.

Kannst du dabei mithelfen, wenn die Verschiebung stattfindet? Ein gewöhnlicher Mensch, sogar der gewöhnliche Sucher, wird in Panik geraten, wird eiligst zur Normalität zurückhasten. Der wahre Sucher aber, der Löwe, wird nicht in Panik geraten. Er wird geduldig sein, wird darauf warten, daß etwas anderes passiert. Er wird es leicht nehmen. Er wird irgendwo in seinem Innern wissen, daß er nicht das *ist,* was er sieht – daß die Art, wie er die Welt sieht, nur ein Aspekt ist, nicht die Welt selbst. Er wird wissen, daß es unzählige Alternativen gibt.

Meister Eckart sagte: „Solange es Kummer im Herzen gibt, kann das Kind nicht geboren werden." Ein tiefer Kummer ist eine sehr machtvolle Erfahrung und kann zu einem Durchbruch führen. Aber wenn diese Transformation geschieht, die er als die zweite Geburt oder die Vereinigung mit Gott bezeichnet, dann bist du in einem Bereich deiner Möglichkeiten, in dem es keinen Kummer mehr gibt. Wenn es ihn gibt, dann hast du noch nicht diesen Punkt der Wiedergeburt in das Spektrum deiner Möglichkeiten mit aufgenommen.

Wenn du eifersüchtig bist, oder neidisch, dann ist es dasselbe. Wenn etwas in dir so stark ist, daß es dich am Weggehen hindern kann, dann kann der Durchbruch nicht stattfinden. Es gibt viele Geschichten über Weise und Seher im Osten, die zwischen wilden, gefährlichen Tieren herumzogen, zwischen Schlangen, Löwen, Tigern, und die in keiner Weise von ihnen bedroht oder verletzt worden sind. Ich habe viele Berichte darüber gelesen. Denn die Schlange oder das wilde Tier – und das trifft auch auf böse Hunde zu – haken sich in die Angst eines Menschen ein. Oder die Angst hakt sich bei ihnen ein. Und wenn ein Mensch keine Furcht hat, dann gibt es auch nicht dieses Wechselspiel.

Deshalb erzeugen deine Reaktionen genau das Leben, das du lebst. Fühle Furcht, und du wirst erschreckt. Fühle Eifersucht, und es wird etwas geben, worauf du eifersüchtig sein wirst. Fühle Wut, und die Leute werden dich ärgern. Fühle dich traurig, und es passiert etwas, was dir Sorge und Trauer bringt. Das ist die Art, in der du mit den unbegrenzten Möglichkeiten verknüpft bist.

Und wir hören nicht auf zu glauben, daß diese Reihe von Haken, die unsere Verbindung mit den Möglichkeiten bildet, die Realität sei. Wir glauben weiterhin, daß sie so gut wie jede andere Realität ist. Wir rechtfertigen immer wieder unsere Verbindungen und unsere Haken. Bestenfalls versuchen wir, die Spannung und den Schmerz zu lindern, die von diesen Haken stammen. Und wir sträuben uns loszulassen.

Was mir die größte Freude bei meiner Arbeit mit den Menschen in der Wild Goose Company bereitet, ist zu sehen, wie sich der Schwerpunkt verschoben hat. Er bleibt nicht immer, sogar nur selten, in seiner ganz neuen Lage. Aber wenn sich der Schwerpunkt in einer Weise verlagert, daß es so aussieht, als ob er nicht wieder zurückkehrt, dann überkommt mich eine Welle der Dankbarkeit. Das ist eine Million glücklicher Momente wert. Nach glücklichen Momenten kehrt man dorthin zurück, wo man war. Glücklichsein hat nicht die Dynamik, den Schwerpunkt zu verschieben.

Wenn man über sich selbst nachdenkt und darüber, wo man ist, dann hält einen das natürlich dort fest, wo man ist. Don Juan sagt: „Was uns an unsern Platz fesselt, ist unser Eigendünkel." Das heißt, daß unsere besondere Weise, die Welt zu sehen, wichtig, richtig und wahr ist und geschützt, verteidigt werden muß. Sonst würde es uns nicht weh tun, wenn wir herausgefordert werden, angegriffen, beleidigt, verlacht – oder wenn eine andere Art, die Welt zu sehen, auch nur angedeutet wird. Wenn wir diesen Eigen-Dünkel nicht hätten, würden wir nicht so kämpfen, wie wir es tun.

Wenn es in diesem Haus still wird, wie es oft vorkommt, ist das eine Möglichkeit, aus dem Gefängnis der besonderen Sicht seiner selbst und des Lebens zu schlüpfen, die Struktur zu lockern, aus dem Feststecken loszukommen, das einen die Welt nur in einer ganz bestimmten Weise sehen läßt.

In der Stille löst sich die Form auf. Viel kann durch die Stille geschehen – nicht durch eine erzwungene Stille, denn die stellt auch wieder eine Art Struktur dar, ein Gerüst für die Stille. Aber wenn sie auftaucht, dann laß sie nicht nur herein, laß auch los.

Dreh nicht durch.
Vertraue.

Die wesentliche Eigenschaft des Lebendigseins ist das Geheimnisvolle. Ein Mensch, der alles übers Leben weiß, weiß gar nichts. Wer glaubt, daß das Leben daraus besteht, sich jeden Tag durch sein gesellschaftliches Dasein zu bewegen, hat noch nicht einmal ein Jota der Möglichkeiten berührt. Das Leben ist eine tiefe Schlucht, die erforscht sein will.

Und um das geschehen zu lassen, müßt ihr aufhören, an eurer eigenen Person festzuhalten – an diesem Selbst, dieser Sichtweise, dieser Idee, diesem Bild, dieser Identität.

Seid also einfach locker. Seid offen. Seid manchmal still. Seid mutig. Seid willens, euch selbst loszulassen. Seid willens, eure totale Unwissenheit zu entdecken. Und fangt an, die Art und Weise zu durchschauen, in der ihr euch so eingerichtet habt, wie ihr seid, wie ihr wart, jeden Augenblick.

Jeder von uns ist in gewisser Weise mit etwas verbunden, das alle Möglichkeiten enthält, die ein menschliches Wesen jemals hatte und jemals haben wird. Unsere Vorstellungen von uns selber geben uns nur eine Auswahl dieser unendlichen Möglichkeiten. Wenn wir damit aufhören, uns ein Bild von uns zu machen und in einen Zustand hineingehen, in dem wir gar nichts Spezielles sind, eröffnen wir die Möglichkeit dafür, daß etwas anderes aus diesem Reservoir hervorkommt. Das wird euch einen völlig anderen Geschmack der Existenz und eures Anteils daran geben.

Du mußt nicht Surya sein, Surya! Du mußt auch nicht Gita sein, Gita! Du mußt nicht Kali sein, Kali!

Ich werde keinen von euch in der Identität bestärken, an die ihr gefesselt seid. Wenn diese Identität Schmerzen hat, wird sie von mir kein Mitgefühl bekommen. Wenn sie sich abquält, werde ich nicht helfen, sie wieder herzustellen. Wenn ihr euch wund und verloren fühlt, werde ich mich von euch abwenden, bis ihr dort herausfallt – in eine Sicherheit, die keine Grundfesten hat. Und wenn ihr die Sicherheit dort findet, wo es keine Fundamente gibt, dann könnt ihr euch der Realität stellen. Dann kann die Realität euch nahe kommen, sich mit euch verbinden und euch tragen, hinein in neue, ungeahnte Möglichkeiten, in denen ihr nicht mehr an euch selbst leidet.

Neunter Tip:

Geh die zentrale Spur zurück, zum Mittelpunkt der Dinge

(Wie der vorherige Tip begann auch dieser mit Stille – vielleicht zehn Minuten lang. Dann:)

Was hat die Stille an sich, daß sie so mächtig ist? Wir sitzen zehn Minuten lang ruhig da, und in jedem geht so viel vor. Als ich mich am Anfang umsah, saß Gita hier vorn und in ihrem Kopf lief der übliche Kampf ab – die Stirn in Falten, kämpfend, denkend – und nach fünf Minuten sieht Gita für mich wie ein Engel aus, absolut schön. Es ist wie Magie, wie der Zauberstab eines Magiers im Märchen. Und Anatala geht innerhalb weniger Augenblicke dieser Stille in einen Zustand hinein, der so stark und natürlich wirkt, so richtig. Auch die inneren Kämpfe von Leuten wie Kali und Indra werden sichtbar: in solchen Momenten scheinen sie am stärksten mit sich im Hader zu liegen, als ob die Stille etwas sei, das nicht ganz richtig wäre für sie – als ob sie dabei immer einer Art von Prüfung unterworfen würden. Oder als ob sie ihnen eine totale Bewußtheit darüber gibt, wie sie funktionieren. Und Somani geht an einen Ort, wo für sie eine besondere Art von innerem Wachstum stattfindet, wenn sie still ist – etwas, das sonst nicht geschieht.

So eine einfache Sache.

Aber es ist keine neue Entdeckung, daß die Stille so machtvoll ist. In vielen Zen-Tempeln in Japan ist das die einzige Methode. Keine Lehre, obwohl du so viele Bücher lesen kannst, wie du willst, keine Koans, keine traditionellen Kämpfe mit dem Meister, oder zumindest kaum welche – einfach still im Zazen sitzen. Das ist alles, was passiert, aber nicht nur für fünf Minuten – jahrelang! Tag für Tag, jeden Tag stundenlang, manchmal ganze Tage oder Wochen lang ohne Ende. Sitzen.

Wenn wir ruhig dasitzen, so wie beim Zen, beginnt die spezielle Zusammenballung von Energie, die wir uns in gewisser Weise als unser „Selbst" ausgesucht haben, sich aufzulösen. Die vertrauten Konstellationen und Kombinationen der Energie, die wir als *Ich* empfinden, verlieren ihre Schwungkraft, beginnen zu verschwinden. Und wenn ihr eine starke Bindung an diese Identität habt, dann wird es einen Kampf geben. In dieser Stille ist es möglich zu erkennen, daß ihr eine ungeheure Freiheit habt, euch auszusuchen, wie es euch im Leben geht und wie ihr auf das Leben reagiert. Ihr könnt irgendwo hingehen, und wenn ihr dort seid, woanders hin, und ihr merkt, *daß* ihr euch beliebig bewegen könnt und auch, daß ihr genausogut nirgendwo hingehen könnt; das hieße, in einer Art Schwebezustand zu sein. Und dann merkt ihr, daß ihr sogar dann getragen werdet, wenn ihr eure eigene Realität *nicht* durch Denken, Aktivität, Beziehen, Ausprobieren herstellt. Es ist, als ob man vom Berg springt und feststellt, daß man auf Luft laufen kann.

Ihr entdeckt das *Sein* und findet heraus, daß das Sein keine besondere Form oder Bewegung hat. Es ist eine Art Ist-heit. Wenn ihr starke negative Gefühle empfindet, könnt ihr euch eine Frage stellen – nicht: wie ihr euch am besten kuriert, wie ihr an die Ursache eurer Wut, eurer Verletzung, eurer Eifersucht kommt, aus welchen Erfahrungen in der Kindheit sie stammen – sondern zu fragen: was tue ich auf einer Ebene, auf der das die Wirklichkeit ist? Was tue ich in diesem Bereich meiner Lebensmöglichkeiten, daß dies mich beherrscht?

Und dann fängst du an, ein wenig tiefer zu schauen und siehst, wie man so sagt, 'wo du herkommst'. Dieser Mensch kommt von einem negativen Ort, jener von einem klaren. Wenn man es so bezeichnet, steckt darin die Erkenntnis, daß es ein *Ort* ist. Das ist die Einsicht der Umgangssprache: man sagt nicht mehr 'so ein Mensch ist er', sondern 'von dort kommt er her'. So wird angedeutet, daß der Mensch eine Wahlmöglichkeit hat bzw. in dem Moment des Entschlusses hatte, oder daß er sich außerstande fühlte, von einem bestimmten Fleck in sich selbst wegzukommen.

Es ist nicht immer leicht für einen Menschen zu erkennen, wo er gerade herkommt. Du kannst vielleicht sehen, woher jemand anders kommt, du kannst es sogar vielleicht halbwegs benennen. Aber es ist nicht immer leicht zu sehen, von wo du selber kommst. Wenn du das sehen kannst, kannst du weitergehen. Wenn nicht, ist es schwer, sich zu bewegen.

Surya schrieb mir gestern: „Es kommt mir vor, als verbringe ich den größten Teil meiner Zeit in einer Hundehütte." Im Englischen bedeutet das: draußen in einem Verschlag zu hausen, aus dem Haus verbannt, weil man etwas ausgefressen hat. Das macht man mit dem Hund. Er hat den Teppich zerrissen, die Katze gefressen oder sonstwas. Sie schreibt: „Es kommt mir vor, als verbringe ich die meiste Zeit hier in einer Hundehütte, und ich bin an diesen Platz gewöhnt... Ich bin in der Hundehütte, und du magst Katzen lieber; so muß ich wohl in der Hundehütte bleiben."

Es ist eine große Einsicht, Surya, zu erkennen, daß du den größten Teil deiner Zeit in der Hundehütte verbringst. Es stimmt.

Sie fährt in ihrem Brief fort, daß sie dort bestimmte Erkenntnisse gewonnen hat, über sich selbst, über die Tätigkeiten hier, über das Leben. Und diese Erkenntnisse sind wirklich schön. Wenige Leute haben solche Einsichten in ihrem Leben.

Das Eingeständnis, daß sie ihre Zeit in der Hundehütte verbringt, ist verbunden mit den Intuitionen und Einsichten, die sie dabei hatte. Denn sie mußte eine Reise zu ihrem Schwerpunkt machen, um das zu sehen. Wenn du deinen Schwerpunkt sehen und finden kannst, wenn du dort sein kannst – im Zentrum deines Identitäts-Paketes –, dann löst du dich aus diesem Griff. Du gehst aus der Tür, durch die du hereingekommen bist, als du zu dieser Identität werden solltest. Du gehst gewissermaßen in der Gegenrichtung durch. Um etwas zu sehen, mußt du darüber hinaus sein. Zu sehen *'so bin ich'* heißt, daß du schon mehr bist als *'so'*, sonst kannst du das nicht erkennen. Wirklich im Schwerpunkt zu sein, bedeutet, wirklich auf der zweiten oder dritten Ebene einer bestimmten Realität zu sein – auch das wird dich aus der Tür führen.

Wenn du an diesen Punkt kommen kannst, dann wirst du erreichbar für eine bestimmte Art von Bewegung: die Bewegung deines Schwerpunktes hin zum Zentrum des Kosmos.

Auf bestimmte Weise führen alle Schwerpunkte der Spur des kosmischen Zentrums entgegen. Aber dazu dürfen sie nicht aktiv sein, sich nicht selbst verstärken, sich nicht an einer bestimmten Stelle festsetzen.

Wenn also Gita in letzter Zeit eine kleine Weile ruhig sitzt – das kam bisher selten vor – fällt sie in ihren Schwerpunkt und dann sehe ich, wie dieser Schwerpunkt sich verschiebt, wie sie wirklich jemand ganz anders wird. Sie sieht total verändert aus.

Wenn du Schmerzen hast, dann verlagere deinen Schwerpunkt, und du kannst deine Schmerzen loswerden. Wenn du dich fühlst wie in der Hölle, oder auch nur in der Vorhölle, dann verschiebe deinen Schwerpunkt, und du bist nicht mehr dort. Erst mußt du ihn finden, ihn sehen, dann kannst du dort herauskommen. Das ist der Trick.

Wenn du dich damit identifizierst, wirst du niemals herauskommen. Wenn du aktiv bleibst, wenn du die Gedanken denkst, die dich dort festhalten, wenn du dich identifizierst mit seiner Struktur, dann wirst du niemals dort herauskommen. Aber wenn du den Anfang findest, wenn du fühlst, wie sich diese gesamte Weltanschauung entwickelt hat, wenn du aufhörst, diese Entwicklung weiter zu treiben, wirst du plötzlich herausfinden, daß das Ganze einfach ein Energiegeschehen ist. Es ist wie die Entdeckung, die ihr in der Meditation mit den erhobenen Armen gemacht habt: der Wunsch, die Arme zu senken, ist *an sich* still. Ihr werdet sehen, daß das Geschehen nur aus der Perspektive heraus weh tut, von der aus du dich in der Welt bewegst – daß diese ganze Aktivität in Wirklichkeit, vom Schwerpunkt aus gesehen, nur ein *stilles* Energiegeschehen ist. Wie der Film auf der Leinwand, der aus dem Projektor kommt und eine ganz dynamische, glaubhafte Wirklichkeit entwickelt. Wenn du tatsächlich in dieser Richtung suchst, wirst du an einen Punkt kommen, wo das einfach wie eine Schwingung in dir ist, wie die elektrischen Impulse, die über die Fernsehantenne auf den Bildschirm übermittelt werden. Bevor sie projiziert werden, sind sie nichts als elektrische Impulse. Die Realität, an die wir glauben, ist von Anfang bis Ende nichts als die Projektion von simplen Energie-Impulsen. Wenn du diese Impulse erfährst, wirst du finden, daß sich die Schwingung ändern kann. Und wenn du dann diesen neuen Impulsen erlaubst, projiziert zu werden, gibt es eine andere Realität. Schmerz ist zu etwas anderem geworden, Blindheit und Verklemmung sind zu Einsichten geworden, zu Klarheit. Anspannung ist zu Liebe geworden, Streben hat sich gewandelt in Zulassen, Loslassen, Annehmen.

Das ist keine Frage der Arbeit an dir selbst. Es ist eine Frage davon, wie du dich loslassen kannst. Dann können solche Veränderungen stattfinden. Das Ärgerliche aber ist – und das müßt ihr wissen, denn es trifft für fast jeden Menschen zu –, daß es in jedem etwas sehr Starkes gibt: das *Ich* will die Probleme lösen, und zwar auf der Ebene, auf der es existiert. Das ist z. B. das Kali-Syndrom. Das 'Ich' will der Eroberer sein. Es will triumphieren, es möchte sagen: '*Ich* habe dieses Problem gelöst, *ich* bin darüber hinausgegangen'. Denn wenn du über etwas hinausgehst, wird etwas in dir stärker. Jeder Sieg ist eine Stärkung. Das ist die Ansicht großer Männer – solcher wie Friedrich der Große, über den ich gerade etwas gelesen habe. Er war so ein widerlicher Mensch, wie viele große Männer – bombastisch, selbstsüchtig, blind – und doch hat man ihm in ganz Deutschland Standbilder errichtet: diesem großen Mann, der das *Reich* zusammengebracht hat, das *erste Reich*. Vielleicht war das eine gute Sache, aber in meinen Augen war er kein großer Mann.

Das Selbst, das jetzt gerade in dir existiert, möchte erobern. Es wird eine Revolution geben, wenn du ihm sagst: „Schau, der beste Weg, mit dieser Situation fertig zu werden, ist, wenn du verschwindest und ich irgendwo anders wieder auftauche. Also bitte, laß einfach los, gib auf." Das Selbst wird dich dabei nicht sehr unterstützen. Es wird sagen: „Nein! Nein! *Ich* will gewinnen. Ich will mehr werden und nicht weniger. Ich will werden wie die Sonne, nicht wie ihr Abglanz. Ich will wahrgenommen werden und nicht unsichtbar, harmonisch, eingestimmt und ruhig sein – oder wenn ich schon so sein soll, dann will ich wenigstens, daß es auch jeder merkt."

Aber wenn du harmonisch und eingestimmt bist, dann nimmt man dich nicht wahr. Und du kümmerst dich auch nicht darum: du bist einfach auf der gleichen Wellenlänge. Du achtest nicht darauf, ob irgendjemand auf der Welt Notiz von dir nimmt. Es reicht, mitzuschwingen.

Deshalb achte darauf, daß dir bewußt wird, woher du kommst. Versuche zu entdecken, daß du nicht nur von 'dort' kommst, sondern von vielen verschiedenen Orten herkommen kannst. Und schließlich kommst du sogar von nirgendwo.

In einem *Talk* habe ich euch einmal die Geschichte eines alten Mannes erzählt, der fast sein ganzes Leben lang der übellaunigste, unfreundlichste und unkooperativste Mensch in seiner Stadt war. Und eines Tages änderte sich das völlig. Er war liebevoll, freundlich, fürsorglich, lachend und voller Freude. Jeder fragte ihn: „Was ist geschehen?" und er antwortete: „Ich habe plötzlich gemerkt, daß die Art und Weise, in der ich mein ganzes Leben verbracht habe, nicht funktioniert hat. Deshalb habe ich beschlossen, es anders zu machen. Ich habe beschlossen, daß Unglücklichsein, Unfreundlichkeit und Verdrießlichkeit zu nichts führen. Heute morgen bin ich aufgewacht und sagte: 'Schluß damit! Von jetzt an bin ich fröhlich, liebevoll und glücklich.'"

Wenn er es geschafft hat, so weiterzumachen, dann hat er genau das getan: er hatte erkannt, von wo er herkam und entschied sich, es zu verändern. Er merkte, daß er das konnte und er verschob einfach seinen Schwerpunkt. Er tauchte in völlig neuer Weise wieder auf.

Es geht nicht darum, sich in einen anderen zu verwandeln, oder im nächsten Leben vom Schützen zum Zwilling zu werden. Du kannst es jetzt schon tun. Du kannst werden, wie immer du willst. Wenn du nur davon träumst, geschieht nichts. Wenn du es *versuchst*, geht es nicht. Du wirst genug davon bekommen, es wird eine zu große Anstrengung sein. Aber wenn du dich in deinen Schwerpunkt begibst und die Natur dessen erkennst, was dich dazu bringt, dich zu entscheiden, wer du bist, dann...

Einige Leute glauben, daß sie sich selbst auf diesem Wege nicht entkommen können. Es ist ihr Schicksal: „Als ich geboren wurde, gab es eine bestimmte Konstellation von bestimmten Planeten und Sternen in ein paar Millionen Kilometern Entfernung, und deshalb und wegen der Tageszeit meiner Geburt muß ich eben so sein." Ich bekomme Briefe von Leuten, die schreiben: „Ich weiß, daß ich so bin, aber schau: ich bin halt Waage, was soll ich da tun?" – „Ich bin Skorpion, und du weißt ja, wie Skorpione sind, deshalb bin ich auch so. Nichts zu machen."

Dir wurde eine Kraft gegeben, die weit über den Einfluß solcher Dinge hinausgeht. Ich sage nicht, daß es solche Einflüsse nicht gibt, aber ich sage: sie haben nicht die Kraft, die ihnen die Leute geben. Und du hast viel mehr Stärke, als du bei dir selbst vermuten würdest.

Dieser Schwerpunkt ist fast so etwas wie ein Platz in deinem Inneren. Du kannst ihn anschauen. Nicht in seinen Manifestationen – den Gedanken, den Handlungen, den Gefühlen – das sind nur die Projektionen auf dem Bildschirm – sondern als den Puls, der die Schwingungen hervorruft, die das Bild erzeugen. Du kannst ihn ansehen und sagen: „Das ist jetzt gerade Chaitanya" – oder Bodhi oder Jnani – „Das macht meine Realität aus. Tatsache ist, daß ich aus dieser Realität nur *die* Dinge auswähle, die mich an dieser Stelle hier festhalten." Wir behalten unsern Platz bei, indem wir – so weit wir es in der Hand haben – nur das zulassen, was uns dort bleiben läßt und alles fernhalten, was diesen Ort gefährden könnte. Wir tun das, indem wir Energie einbringen, die ihn erhält und Energie vermeiden, die seine Wirklichkeit in Frage stellen könnten.

Aber du mußt ein bißchen Abstand von dieser Identität bekommen. Du mußt mutig sein. Du mußt die Chance ergreifen, nichts Spezielles zu sein. Niemand Bestimmter. Eine sehr wichtige Frage, die man sich stellen sollte, ist: „Wer wäre ich, wenn ich nichts Bestimmtes wäre; wie würde ich dann aussehen?“

Dann gehörst du zum heiligen Rat der Narren. Nichts Bestimmtes sein. Die Leute werden dich einen Verrückten nennen. Denn sie können dich nicht fassen. Und du *bist* widersprüchlich. Manchmal antwortest du überhaupt nicht, manchmal anscheinend unsinnig, unwichtiges Zeug, und manchmal gibst du eine kluge Antwort. Manchmal lachst du ohne jeden Grund, manchmal schaust du mit einem Lächeln im Gesicht zum Fenster hinaus, wenn du mit jemand sprichst – mit einem Lächeln, das überhaupt nichts mit dem Gespräch zu tun hat. Manchmal sieht es so aus, als seiest du gar nicht vorhanden, dann wieder scheinst du den ganzen Raum auszufüllen. Manchmal bist du voll mit Energie und manchmal absolut still.

Wer bist du dann?

Die Leute nennen dich einen Verrückten. Sie bekommen dich nicht in den Griff, stecken dich in eine Hirn-Schublade und etikettieren dich als ‘dieser’ oder ‘jener’.

Dein Schwerpunkt liegt nicht in der Identität, die du dir ergattert hast und die loszulassen du dich fürchtest. Dein wirklicher Schwerpunkt liegt außerhalb von dir, er liegt im Schwerpunkt des Lebens. Das ist nicht einfach zu erkennen, wenn ich so etwas sage. Man kann es sich nur schwer vorstellen. Aber es ist so. Dein Schwerpunkt liegt nicht innerhalb von dir, sondern außerhalb, in beiden Bedeutungen des Wortes: außen und er schließt dich nicht mit ein.

Er ist eine freie Bewegung. Er ist wie der Wind.

Sei also leer, finde den Bereich, wo du unbestimmt bist, geh dort hin, wo deine gegenwärtige Realität herkommt. Es ist einfach eine Stelle. Schmecke sie. Das ist der Geschmack des Hier und Jetzt auf der zweiten und dritten Ebene. Und jedesmal, wenn du diesen Geschmack jetzt spürst, schwebst du nah an deinem Zentrum.

Probier es. Sei dabei. Verbinde dich damit.

Und du wirst sehen, daß du ihn an der Skala auf- und abbewegen kannst. Oder du kannst eine zeitlang dort bleiben, wo das Potential gerade ist. Das ist alles. Dann meditierst du. Dann bist du bei dir selbst. Dann kann etwas geschehen, das von Punkten kommt, die jenseits von dir liegen. Dann bist du erreichbar. Vielleicht geschieht gar nichts. Aber es *kann* etwas geschehen.

Der zehnte Tip:

Zero to Zero – One to One

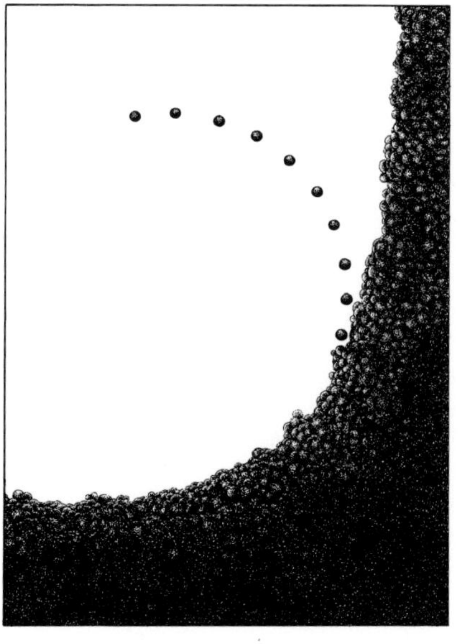

In der letzten Woche kamen Briefe von verschiedenen Leuten, die alle das gleiche sagen: 'Ich fühle mich, als hätte ich es gleich, ich kann beinahe schon greifen, was ich gesucht habe. Jeden Moment denke ich, ich bekomme es zu fassen, und gleichzeitig fühlt es sich so an, als würde ich es nie bekommen. – Kannst du mir nicht einen ganz kleinen Tip geben, einen netten, knackigen zehnten Tip oder sowas, um diese letzte Lücke zu schließen?'

Wenn man lange gesucht und viel meditiert hat, wie es all diese Leute getan haben, dann entsteht das Gefühl, daß es hinter der nächsten Ecke liegen muß. Es kann nicht mehr viele Ecken geben, um die du noch nicht gekommen bist, also muß es die nächste sein. Oder wenn nicht, dann die übernächste. An der Bergstraße links; wenn's da nicht ist, dann an der Belsitostraße links, und wenn's dort auch nicht ist, dann links an der Nummer 12. Es ist wie ein Irrlicht: mal siehst du es, mal nicht. Und dieses Gefühl kann lange anhalten. Tatsächlich fängt man an, sich sicher zu sein, daß es an der nächsten Ecke ist, so daß man schon beginnt, vor Erwartung und Vorfreude zu strahlen. Man fühlt sich, als hätte man es schon, es ist so nah. Man sieht so aus, als hätte man es schon, weil man so froh ist über die Aussicht, es im nächsten Augenblick zu bekommen. Allein die Vorstellung, morgen erleuchtet zu werden, kann dich heute schon erleuchtet machen. „Ah, geschafft, morgen endlich!" Diese Reaktion auf die Idee, morgen erleuchtet zu werden, kann dich heute schon erleuchtet machen, aber nicht morgen. Heute *bist* du erleuchtet, indem du denkst, daß du morgen erleuchtet *wirst.* Aber wenn es morgen geworden ist und du nicht erleuchtet wirst, dann fühlst du die Vorfreude nicht mehr und mußt wieder von vorn anfangen.

Worauf es ankommt, sage ich euch heute morgen – steckt es sorgfältig in die Tasche, faltet es zusammen, legt es an eine Stelle, wo ihr es auch wieder finden und anschauen könnt. Fertig?

Jetzt hört sogar Kali zu. Sie hat richtige Hasenohren bekommen!

Die Sache ist die: solange ihr das falsche Instrument benutzt, könnt ihr es nicht finden. Und was ihr benutzt, *ist* das falsche Instrument. Was wir das „Selbst" nennen, kann es niemals finden. Dieses *Ich*, das sucht, hofft, erwartet, vorwegnimmt, beinahe schon findet, kann es nicht finden. Tatsächlich ist es schon der Versuch, der das unmöglich macht.

In gewisser Weise ist dieses Selbst schon erleuchtet, *wenn man es in Ruhe läßt.* Die Schwierigkeit besteht darin, daß man es nicht in Ruhe lassen kann, weil man denkt, daß man nichts anderes hat. Wenn es also Aktivität gibt, dann findet sie im Selbst statt, und eine bestimmte Form von wollender, sehnender, wachsender, sich entwickelnder Aktivität läuft ab. Wenn du nichts bist als du selbst, ohne zu suchen, ohne etwas verändern zu wollen, dann hast du es quasi schon geschafft. Aber wenn du das tust, bist du normalerweise in einer Art unbewußtem Zustand. Dann wird dir bewußt, daß du unbewußt warst, blind, gedankenlos, unaufmerksam und du sagst: „Ich muß bewußter werden", und die Suche nach Bewußtheit fängt von vorne an.

Es ist ähnlich wie die Wahrheit, daß kleine Kinder erleuchtet und doch nicht erleuchtet sind. Sie sind ihrer selbst nicht bewußt. Sie üben die Bewußtheit nicht aus, sie sind nicht auf irgend einem Wachstums-Trip, jedenfalls nicht auf so einem – nur in die Höhe. Aber sie sind nicht erleuchtet. Dieser Begriff hat keine Bedeutung für sie.

Wenn du eine Stelle außerhalb deines gewöhnlichen Selbst findest, wo du im Hier und Jetzt sein kannst, so daß du mit deinem gewöhnlichen Selbst nicht in Kollision kommst, dann wirst du anfangen, einfach zu *sein*. Du wirst dir bewußt, wie alles mit dir und durch dich geschieht, und du wirst in dieses Geschehen nicht eingreifen. Du wirst absolut präsent sein, währenddessen das mit dir passiert.

Ich möchte es mal anders ausdrücken, in der Wild Goose Terminologie:

Irgendwo, weit draußen, versuchen wir alle, *Zero and One* – die Null und die Eins – die Eins des Selbst und die Null des Kosmos, das Weltliche und die Spiritualität zusammenzubringen.

Es ist ein normales, natürliches Ziel, *ganz* zu werden, aber ich sage euch: *kümmert euch nicht drum.* Ihr *seid* längst ganz. Laßt die beiden getrennt, denn sie sind getrennt, wie Daumen und Nase getrennt sind. Man braucht sie wirklich nicht zusammenzubringen.

Die Null in euch liegt außerhalb der Zeit, obwohl ihr es vielleicht nicht so erfahrt, denn man kann nicht begreifen, daß es eine Zeitlosigkeit in der Null gibt. Aber sie ist trotzdem zeitlos. Wenn ihr euch in dieser Richtung bewegen könnt – oder, in der Goose Sprache: wenn ihr euch auf die dritte Ebene zubewegt –, dann bringt Ihr Energie in die Null, selbst wenn ihr diese dritte Ebene nicht wirklich erreichen und zugleich wissen könnt, *daß* ihr sie erreicht habt. Aber die Eins ist noch sehr lebendig und ihr stört sie nicht mehr, weil ihr damit beschäftigt seid, in eurer Null irgendwo im Kosmos zu sein, jenseits von euch selbst. Und dann kann die Eins wirken, wie sie wirken soll. Sie muß nirgendwo hingehen, denn sie ist bereits genau an der Stelle in der Welt, wo sie sein soll. Wenn ich sage 'in der Welt', dann meine ich nicht nur die soziale Welt. Ich meine, auf diesem Planeten als menschliches Wesen zu leben, mit bestimmten Energien, die mit den Dingen hier im Einklang sind, so daß wir atmen können, daß das Herz schlagen kann, daß wir etwas auf- und abbauen können, Menschen treffen und sie verlassen, essen, trinken, spielen, lieben, reisen, lachen und weinen können. All das kann jeder tun, denn auf all diesen Ebenen *gibt* es schon ein Gleichgewicht zwischen einem menschlichen Wesen und der Umgebung, in die es geboren ist. Von Beginn an ist es schon so. Wenn es anders ist, dann kann der Organismus nicht überleben und stirbt schon bei der Geburt oder kurz danach, weil er mit der

Umgebung nicht im Gleichgewicht steht. Aber ihr seid alle mit der Umgebung im Einklang, ihr seid keine Kinder mehr. Ihr habt keine schwere Krankheit. Dieser ganze Organismus und alles, was damit zusammenhängt, funktioniert schon von Natur aus. Wir müssen nichts weiter tun, als uns gesund und glücklich zu erhalten, oder eine Umgebung zu schaffen versuchen, die noch harmonischer ist als die übrige Umgebung auf der Erde. Wenn man also eine Gemeinschaft harmonischer Menschen schaffen möchte, dann schafft man eine Gemeinschaft in der Gemeinschaft, damit die Eins wirken kann, aber das führt dich nicht direkt zu Gott oder zur Wahrheit. Es wird ungemein hilfreich sein, weil dieser ganze Teil deiner Selbst sich dann entspannen kann und einfach *sein.*

Wenn du dich zu sehr um deine Gesundheit sorgst, wirst du krank. Wenn du dich über deine Gefühle zu sehr aufregst, wirst du ebenfalls krank. Wenn du anfängst, dir über die Funktionsweise deines Denkens den Kopf zu zerbrechen, wirst du fürchterlich krank, weil du das falsche Instrument, die falsche Energie dazu benutzt. Der Körper hat seine eigene Art zu funktionieren und seine Nahrung zu bekommen, und der Verstand wird seine Funktion vollkommen vernünftig ausüben, wenn man ihn in Ruhe läßt. Er wird kommen und gehen, er wird sich selbst anwenden, wenn es nötig ist, er wird er selbst sein. Der Ärger kommt durch das Vermischen der Teile, wenn man so etwas Verrücktes versucht wie: sie zusammenzubringen, obwohl sie schon zusammen sind.

Nun schafft die Energiearbeit, so wie ich sie mit euch ausübe, einen bestimmten *Space,* mit dem ihr in Berührung kommen könnt, den ihr erfahren könnt, mit dem ihr Verbindung aufnehmen könnt: den Energie-*Space*. In den letzten paar Tagen habe ich euch von etwas erzählt, das jenseits dieses Energie-*Space* liegt.

Wir schaffen keinerlei Energie. Wir holen sie aus dem Nichts heraus. Wir folgen den Energielinien, die einfach da sind. Wir stellen uns im Kreis auf und ich sage: „Dieser Ort ist voller Energie, fühlt diese Energie jetzt, folgt ihren Linien." Aber wir wissen gewissermaßen, wie man Wellen im Ozean machen kann. Wir können den Ozean wogen lassen und auf den Wellen gehen. Das ist es, was wir machen. Zu welchem Zweck? Was soll das? Wenn ihr auf den Wellen gehen könnt, dann könnt ihr das Meer finden. Aber die Wellen *sind* nicht das Meer.

Merkt ihr, was ich euch sagen möchte?

Nun, ich habe schon einige Male meine Evolutionstheorie dargelegt: es ist eine Begegnung der Erd-Energie in Form eines Organismus mit kosmischer Energie in Form von Bewußtsein.

Falls – mit etwas Glück – sich meine Überzeugung auch nur in irgendeiner Weise als richtig herausstellt, dann behaupte ich, hier zu sein bedeutet, in der Lage zu sein, diese beiden scheinbar völlig verschiedenen Aspekte gleichzeitig und auf angenehme Weise in sich selbst zu enthalten. Es heißt: den Organismus in der Welt funktionieren zu lassen und Verbindung (wieder)aufzunehmen mit der Energie, die aus dem Jenseits kam und wieder zurück ins Jenseits führt.

Der Energie-*Space* ist ein Korridor. Ein Korridor zwischen hier und dort, und man kann die Energie dabei unterstützen, diesen Korridor entlang bis zu ihrem Ursprung zu gehen, wie euer Körper, wenn ihr sterbt, zu seinem Ursprung zurückkehrt.

Dann könnt ihr auf einmal erkennen: „Ja, ich sehe, wo diese Kräfte in mir sind; ich sehe, daß ich diese Energien nicht zusammenbringen muß – ich kann sie sein lassen. Sie sind längst in mir vereinigt; wozu also versuchen, sie zusammenzubringen?"

Und auf einmal könnt ihr die Aussage von Jesus „Gebt dem Kaiser, was des Kaisers ist und Gott, was Gottes ist" in anderem Sinne verstehen. Gebt der Erde zurück, was ein natürlicher Teil der Erde ist und dem Kosmos, was dem Kosmos gehört. Beides ist in uns und beides kann gleichzeitig in uns bestehen. Ihr braucht keinen Chef des Innern, der sagt: „Das muß miteinander verschmelzen, werdet eins!" Denn was ist dann mit diesem Chef? Dann seid ihr immer noch zwei. Selbst wenn ihr Erfolg habt, müßt ihr immer wieder damit anfangen, den Chef hineinzubekommen, und seinen Chef und den Chef dieses Chefs...

Ich sage: laßt es in Ruhe. Es ist bereits im Gleichgewicht. Steht euch nicht selbst im Wege. Laßt das System funktionieren, wie es dafür ausgestattet ist. Und benutzt diese störenden Energien, um zu dem entfernten Ort, dem ungreifbaren Platz zurückzukehren, zu dem wir uns hinbewegen müssen – nicht nur, um uns mit ihm wiederzuvereinigen, sondern auch um zu lernen, diesen Teil von uns selbst, in Ruhe zu lassen; man muß ihm nicht nachhelfen.

Neulich bekam ich einen Brief von einer anderen *Goose.* Er schreibt, daß er einen Lehrer gefunden hat, der eine Reinkarnation von Gurdjieff ist, und daß diese Wiedergeburt von Gurdjieff sagt, die Energie, mit der wir in der Wild Goose Company arbeiten, sei nicht der Weg. Der Weg sei durch „Bewußtsein und Kristalle". Kristalle! Er sagte: „Also, du solltest keine Energie-Gruppen mehr machen, denn das ist nicht der Weg. Aber wenn du darauf bestehst, dann lege bitte einen Kristall auf dein drittes Auge und lege dich fünf Minuten hin, bevor du in so eine Gruppe gehst." Ich schrieb ihm zurück und sagte, erstens sei der Mann ein Scharlatan, denn ich wisse, daß Gurdjieff noch am Leben sei. Und zweitens sagte ich, daß die Sache mit dem Kristall richtig sei, aber er solle ihn nicht auf sein drittes Auge, sondern auf die Spitze seines erigierten Penis legen, dann würde er wirken!

Lebt euer Leben einfach so, wie es ist, und laßt euch nicht in solche Sachen verwickeln.

Der Energie-*Space* ist ein Korridor. Laßt euch durch diesen Korridor ziehen und macht euch keine Sorgen, wenn ihr nicht wißt, wo es hingeht. Denn ihr könnt nicht wissen, wo es hingeht, aber ihr könnt gehen. Und entlang dieser Bewegung werdet ihr plötzlich herausfinden, daß ihr auf natürliche Weise in der Welt funktioniert, unbehindert, spontan und genau so, wie ihr funktionieren sollt, wie ihr ausgerüstet wurdet, um zu funktionieren und wie eure Natur bereit, willens und in der Lage ist, zu funktionieren.

Der elfte und endgültige Tip: Werde eins mit der Quelle

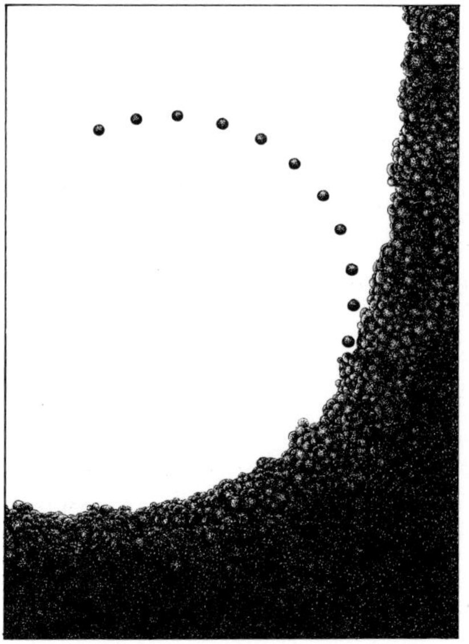

Im tibetanischen Buddhismus gibt es vier Hauptmethoden für das Lehren und Lernen.

Die erste Methode ist der Gebrauch von Symbolen, Mandalas – gezeichneten Mandalas – und Mudras. Mudras sind bestimmte Körper- und Handhaltungen, die verschiedene Seins-Zustände anzeigen und widerspiegeln: Mitgefühl, Stille, Liebe und andere.

Die zweite Methode ist der Klang: Musik, Gesänge, Mantren, die in jedem einzelnen Schüler widerhallen und ein Echo erzeugen, das, was 'Einweihungsworte' genannt wird. Wenn im tibetanischen Buddhismus jemand in den Orden eingeweiht wird, flüstert ihm der Meister bestimmte Worte ins Ohr, die wie ein Mantra die Korridore seiner Realität hinunterhallen sollen, bis sie die Quelle erreichen.

Die dritte Methode ist das geschriebene Wort, das schriftlich festgehaltene Dharma, mit Kommentaren über die Lehre und geheime Doktrinen; Dinge, die für Uneingeweihte ohne Bedeutung sind, aber die immer mehr an Gewicht gewinnen, je mehr das Bewußtsein fähig wird, die vielfältigen Dimensionen der Geheimlehren zu erfassen.

Und die vierte Methode, bei weitem die großartigste, ist die Methode der Telepathie oder der psychischen Osmose. Osmose ist das Phänomen, daß etwas von außen nach innen wandert, oder von innen nach außen, durch eine Hülle, die undurchlässig aussieht, aber viele Poren enthält. Kleine Zwischenräume, die man nicht sehen kann, die aber erlauben, daß eine Flüssigkeit oder ein Gas durch sie dringen kann – in diesem Fall ist es Energie. Die Hülle ist, spirituell ausgedrückt, das abgeschlossene, getrennte

Selbst. Was hindurchwandern muß, ist die Qualität des Lehrens, die jenseits all der Formen liegt, in der sich die anderen Methoden ausdrücken: jenseits der gezeichneten, geschriebenen, klingenden Form.

Es ist so, wie die Zen-Leute in den „drei Prinzipien des Zen" sagen: das Versiegeln des einen Verstandes durch einen andern. Es ist eine direkte Kommunikation. Subhuti, der große Schüler Buddhas, der auch ein Lehrer in diesem Orden war – sozusagen das altertümliche Gegenstück zu einem unserer Therapeuten, z.B. zu Chaitanya; die rechte Hand Buddhas – sagte zu den Leuten, die er lehrte: „Ihr braucht nichts anderes zu tun, meine Freunde, als euch in den Geist des Meisters einzuschwingen. Das ist alles, was man braucht. Das ist auch alles, was ich selber tue, wirklich."

Alle Methoden entspringen einem gewissen Seins-Zustand – von wem auch immer sie initiiert werden, wer auch immer sie formuliert und eine Verpackung dafür entwirft, wo auch immer sie herkommen mögen, durch wen auch immer sie zu uns kommen, und sie können nicht kommen, wenn dieser Seins-Zustand nicht vorhanden ist. Wenn also eine Methode von jemandem kommt, dann ist der *Space*, aus dem diese Methode entspringt, in diesem Menschen enthalten. Wenn ihr euch in diese Person einschwingen könnt, werdet ihr die Methode der Methoden finden.

Bhagwan Shree Rajneesh sagte immer zu seinen Leuten, zu denen ich auch gehörte: „Ihr müßt die Masern von mir bekommen. Was ich habe, ist ansteckend, aber ihr müßt euch öffnen und euch anstecken lassen."

Wenn in diesem Hause eine Stille einzieht, wie es oft der Fall ist, dann könnt ihr euch darin einschwingen. Einige haben damit Schwierigkeiten – oder vielmehr ein wenig Widerstand dagegen, weil es vielleicht zu einer unpassenden Zeit geschieht – aber jeder weiß, wie man sich in diese Stille einstimmt. Aber woher kommt diese Stille? Auch sie ist eine Methode. Sie ist eine weniger ausgefeilte Methode als das Aufstellen eines Mandala in einem Workshop, aber trotzdem ist sie eine Methode. Sich in die Quelle der

Methode einzustimmen, in den Geist ihres Urhebers – Geist im Sinne Buddhas – ist ein einfacher Weg, um sich in die eigene Wahrheit einzustimmen. Du gelangst über jemand anders zu dir selbst. Es ist einfach die Strömung eines Flusses. Du kannst dem Fluß einen speziellen Namen geben: Rhein, Tiber, Donau, Themse... Die Strömung des Flusses gehört nicht zum Fluß. Sie gehört zum Leben. Die Bewegung von der Quelle zum Meer ist Teil der Natur, Teil des kosmischen Reigens. Anders kann es nicht sein. Selbst wenn der Fluß die Strömung für sich beanspruchen würde, könnte er es nicht. Selbst wenn er heute anhalten wollte und ein, zwei Tage stehenbleiben, sich von seiner ständigen Bewegung ausruhen, gibt es keine Möglichkeit für ihn, das fertigzubringen.

Dein Schwerpunkt ist, sagen wir, in diesem Raum, und du versuchst, den Raum nebenan zu erreichen. Die ganze Arbeit besteht darin, den Schwerpunkt von diesem Raum in den andern zu verlagern. Wenn du dort bist, gehört dieser Raum immer noch zu dir, aber die Tür zum andern ist offen. Beide Räume gehören jetzt zu dir. In gewisser Weise ändert sich nichts. Du bist genau gleich wie vorher. Die Einrichtung wird sich im wesentlichen nicht ändern. Aber sie wird mit dem universellen Raum verbunden sein, und die Energien werden von dort in den individuellen Raum gelangen. Sie nehmen das „du" mit sich, wenn sie durch dich wehen.

Dann hast du so etwas wie die unbewußte Natur der Tiere, der Vögel und Pflanzen, auf dem Land, im Wald. Alles ist ausgeglichen – viel Zerstörung, Schlächtereien –, aber irgendwie bleibt die Balance. Aber mit einem Wissen, einem Bewußtsein, einer Wachheit, einer Fähigkeit, sich zu freuen, die weit über die der Tiere hinausgeht. Die Möglichkeit zur Ekstase. Ich glaube nicht, daß die übrige Natur ekstatisch sein kann. Tiere können in Ekstase sein, aber sie können nicht *ekstatisch* sein, denn das erfordert ein Bewußtsein ihres Seinszustandes.

Im *(Gruppen)*-Programm heißt es: „Meine hauptsächliche Methode ist die Resonanz" – etwas in dir aufzuwecken, das in allem enthalten ist, das mit dem Klang des Kosmos in Resonanz steht. Das ist es, was die Inder Atman nennen, den Teil des Brahman, den es in jedem Individuum gibt. Die Arbeit mit der Energie macht es besonders leicht, diese Methode zu benutzen, denn diese ganze Arbeit besteht darin, jedem, der damit zu tun hat, verständlich zu machen, was mit *„tuning-in“* gemeint ist. Einschwingen in die Energielinien in der Gruppe. Einschwingen in die Geräusche, in die Energie der Leute um dich herum, in das winzige Energiefeld einer kleinen Fünfer-Gruppe *(eine Gruppen-Meditation, die in der Wild Goose Company häufig gemacht wird. D. Hrsg.).* Stimme dich wieder und wieder ein. Sieh, finde, verbinde dich, schmecke, genieße, vergiß. Das sind die Schritte fürs Einstimmen, von dem ich ein Bestandteil bin.

Sieh es dir an: Leute kommen zum ersten Mal in eine Gruppe, sehen andere in bestimmten Zuständen. ‘Was passiert hier? Was tun die?’ – und sie sehen sich um, beobachten die Menschen. Vielleicht könnt ihr sie nicht sehen, weil ihr die Augen geschlossen habt. Ich sehe sie in jeder Gruppe, die Neuen – ‘Was zum Teufel geht hier vor? Ist das eine Art Ritual, in dem die Leute so sitzen?’ Dann fangen sie an, sich selbst zu beobachten.

Dann *finden*: ‘Ah, das ist der Zustand. Ich seh’s. Jetzt ist er wieder weg. Ah, jetzt ist er wieder da.’

Dann *verbinden*, damit der Raum draußen und der drinnen zusammenzukommen scheinen. ‘Jetzt hab ichs! Jetzt hab ichs! Jetzt ist’s wieder weg! Jetzt hab ich’s wieder!’

Dann *schmecken*: ‘Was ist das, mit dem ich verbunden bin? Ich kann es auf bestimmte Weise sehen und fühlen und ich weiß, es ist hier, nun wollen wir mal davon kosten. Ah, das ist eine Stille hier.’ Es gibt eine Ruhe, ein Gleichgewicht, ein Gefühl von Einssein.

Schön, und dann der nächste Schritt: *genießen*. ‘Da fühlt man sich ja wie neugeboren. Ich empfinde mich als Teil des Ganzen, ein natürlicher Zustand, nicht abgetrennt von dem, was um mich herum ist. Genießen. Genießen. Das fühlt sich an wie ein neues Leben.’

Und dann der letzte Schritt: das ganze Spiel, die ganze Reise *vergessen*. Das ist deine Natur. Keine Notwendigkeit, dir selbst zu sagen, daß du etwas Besonderes erreicht hast. So sind die Dinge eben, und so waren sie immer.

Das also ist der Tip von heute morgen für euch. Es ist ein tiefer, ein starker Hinweis. Ihr seid heut morgen 27 Leute. Das ist eine Goose Zahl*). Verpaßt diese Methode nicht. Wenn ihr einen Schritt machen könnt, dann gestattet euch selbst, diesen Tip anzunehmen. Er wird dazu beitragen, daß der Klang des Universums in euch wirklich wächst.

Also kämpft nicht gegen mich; ich bin nicht anders als ihr. Es ist idiotisch, mich zu bekämpfen. Verständlich, aber hirnrissig. Ihr kämpft darum, in diesem Raum zu bleiben, wenn ihr mich bekämpft, und ihr geht nicht in den nächsten Raum. Denn solange euer Schwerpunkt in diesem Raum ist, fühlt es sich an wie der Tod, wenn ihr diesen Raum verlaßt. Und es ist wahr, daß ihr in Bezug auf euren Schwerpunkt sterben würdet, aber nicht in Bezug auf das, was in diesem Raum ist. Eure Talente, euer Lachen, eure Liebe, euer spezieller Duft: all das wird da sein, entspannt, akzeptiert – völlig angenommen, denn bis dahin habt ihr eingesehen, daß ihr daran sowieso nichts ändern könnt. Ihr werdet das Spiel des Selbst-Veränderns vollständig aufgeben. Wenn ihr versucht, euch zu verändern, dann habt ihr schon über euch geurteilt. Denn warum solltet ihr sonst wünschen, euch zu verändern?

Wenn ihr euren Schwerpunkt verschiebt, gebt ihr jeden Versuch auf, euch selbst zu verändern. Ihr habt gar nicht den Wunsch, das zu tun. Der Schwerpunkt ist nicht da, das Zentrum des Seins ist nicht da, und das ist ebenso gut wie das Durchleben von anderen Zuständen. Es ist einfach ein Teil einer Bühnenshow. Also fangt an, euch selbst anzunehmen, zu genießen, zu lieben – nicht in euch selbst verliebt sein, sondern euch einfach zu lieben.

Dieser Bach wird hier zu einem Fluß. Das ist gefährlicher, aber wenn du es zulassen kannst, wird er dich schneller und sicherer tragen. Verpasse ihn nicht.

Der elfte Tip ist also: Werde eins mit der Quelle.

Stimme dich in diese Quelle ein und du wirst belohnt werden – weit über das hinaus, was es dich kostet.

Der zwölfte Tip:

Alle Tips sind gleich – alle Wahrheit ist nur eine Wahrheit

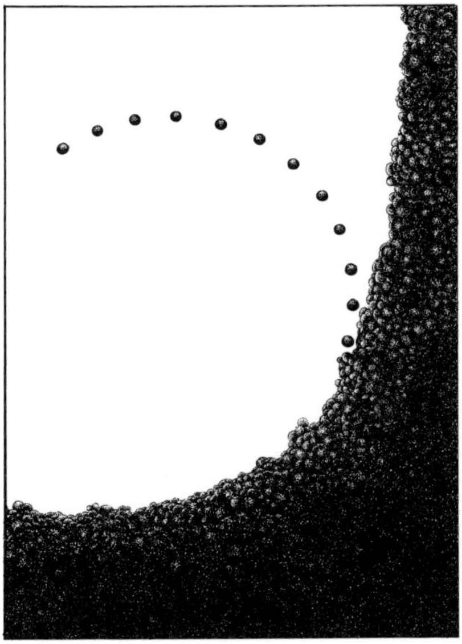

Wie kann das Geringste geschehen,
wenn nicht die Fülle der Zukunft,
alle vollzählige Zeit,
sich uns entgegenbewegt?

R. M. Rilke

Für Sigmund Freud, den Begründer der Psychoanalyse, war die Suche nach Erleuchtung einfach eine glorifizierte Beschreibung dessen, was er 'Thanatos' nannte: den Todeswunsch oder das Begehren, in den Mutterleib zurückzukehren, zurück zum undifferenzierten Zustand, bevor man ins Leben gestoßen wurde. Freuds ganze Interpretation der Wirklichkeit beruhte auf seiner Annahme, daß es nichts Höheres gäbe als das Ego und – weil das Ego immer viele destruktive Impulse enthalte –, daß der einzige Weg, Harmonie im Leben zu erreichen, darin bestünde, dem Ego Kontrollen und Hemmungen anzulegen durch das, was er als „Über-Ich" bezeichnete. Ohne diese Kontrollen würde das „Es", wie er es nannte, die Herrschaft übernehmen, das die Elemente des primitiven Barbarentums enthalte: blinde, unbewußte Kräfte, die einen selbst und andere zerstören würden.

Der gleiche Glaube an ein beschränktes Potential des menschlichen Wesens prägt auch die Sichtweise eines anderen großen Bewußtsein-Veränderers der letzten beiden Jahrhunderte, nämlich von Marx. Ihm zufolge ist das Bewußtsein ein Schatten, ein Produkt der materiellen Wirklichkeit. Die besondere soziale Situation, in die man hineingeboren wird, bestimmt das Bewußtsein. Die Realitätsebene ist der ausschlaggebende Faktor.

Es war, als würden sie zum Horizont blicken und sagen: genau so weit kann man gehen. Und der Bruder von Freud und Marx in dieser beschränkten Sichtweise, ein weiterer großer Revolutionär der letzten Jahrhunderte, war Charles Darwin. Seine Theorie der Evolution des Menschen gründete sich auf einen Prozeß der Auslese und das Überleben des Stärksten. Wir sind einfach durch Probieren und Aussortieren entstanden. Millionen und Milliarden von Möglichkeiten wurden ausprobiert und schließlich gelangte man zu den richtigen Kombinationen, in denen die heutigen Spezies daraus hervorkamen, Frauen und Männer eingeschlossen. Man behauptet, dies sei in den sechzehn Milliarden Jahren möglich gewesen, in denen es nun schon Leben auf diesem Planeten gibt. Nun sind Zweifel aufgetaucht, ob es sich so abgespielt haben könnte; es heißt, das Leben sei nicht sechzehn, sondern acht Milliarden Jahre alt und diese Zeit würde nicht für einen Prozeß ausreichen, der uns hervorgebracht haben soll. Tatsache ist, daß die klügsten Köpfe, die sich mit der Entstehung des Lebens befassen, sagen, der Darwinismus sei am Ende. Diese spezielle Evolutionstheorie sei ein toter Hund.

Was diesen Interpretationen der Wirklichkeit allesamt fehlt, ist das Jenseitige. Was fehlt, ist anzuerkennen, daß es etwas gibt, was hinter allem steht. Dieses Etwas zieht an verborgenen Fäden alles Vordergründige zu sich, so daß es das Jenseitige erreichen kann. Was fehlt, wird als das „teleologische Prinzip“ bezeichnet. Das bedeutet, daß die Zukunft beeinflußt, was ist und was gewesen ist.

In gleicher Weise fehlt im Leben der meisten Menschen das Annehmen und Erkennen dessen, was sie zu den Entwicklungsmöglichkeiten hinzieht, die in ihnen stecken. Was fehlt, ist die Erkenntnis der Tatsache, daß diese Möglichkeiten auf bestimmte Weise mehr sind als nur Möglichkeiten. Sie sind eine Realität, die wiederentdeckt werden will. Nicht nur entdeckt – wiederentdeckt.

Es gibt viele Schöpfungsgeschichten auf der Welt, die darauf beruhen, daß nicht nur die letztendliche Einheit mit Gott, dem Kosmos, Göttern, dem Einen, dem Brahma, der Buddhanatur, der Gottheit möglich ist, sondern daß dort die ganze Energie ihren Anfang nahm. Es gab eine Reise von ihr fort und zu ihr zurück. In der Hindu-Mythologie sagt man: am Anfang gab es nichts. Dann begann Gott zu spielen, schuf Lebewesen, die wußten, daß es ein Spiel war, und die wiederum Kreaturen schufen, die das dann vergaßen. Auf diese Weise kam es zur Vergeßlichkeit, das Leben geriet in immer dichtere und weniger spirituelle Bereiche. Dann muß es auch eine Umkehr geben, ein Erinnern an jedes Stadium des Traumes, des Spieles, um zurückzukehren.

Wenn du das annehmen kannst und dieses Prinzip in dir fühlst, dann kann sich dein ganzes Leben verändern. Dann fühlt sich die ganze Natur des Kampfes, in den wir verwickelt sind, anders an. Dann fängst du an zu sehen, daß das Instrument, das du benutzt hast, um irgendwo hinzukommen, nicht das richtige Instrument gewesen ist. Dann fängst du an, all die Tips, die ich euch während der letzten Wochen gegeben habe – die alle dazu führen, zuzulassen, daß etwas geschieht –, in einer anderen Weise zu verstehen. Du siehst, daß du nichts anderes tust als zu versuchen, etwas geschehen zu lassen. Alles, was du tun kannst, ist eine bestimmte Art von Aktivität zu blockieren, damit etwas *anderes* passieren kann. Wenn du mit der Existenz des Teleologischen in Dir – etwas, das vom Schicksal in dich eingebaut wurde – *wirklich* in Berührung kommen willst, wirst du ganz anders mit deiner Rückkehr umgehen können.

Es ist wie bei einer Schwalbe, die fortzieht und dann wieder heimkehrt. Schwalben ziehen jedes Jahr zehn- bis zwölftausend Meilen weit fort und kommen immer genau an den selben Ort zurück. Sie haben keine Landkarten, sie haben kein Wissen in unserem Sinne, aber sie finden immer ihr Nest, selbst, wenn sie um die halbe Welt und wieder zurück geflogen sind. Wenn die Schwalben das tun können – warum nicht auch wir, auf einer anderen Ebene oder durch andere Ebenen hindurch?

Es ist wie ein Strom oder eine Flut, die man in sich selbst zu erfahren beginnt. Und all das ist eine teleologische Bewegung: diese Tips, wie man aus dem Ego herauskommt, das einen davon abhält, von dieser Flut mitgetragen zu werden; wie man eine Harmonie finden kann, die uns für den Strom erreichbar macht; wie man es zuläßt, daß der Schwerpunkt sich bewegt und auch, wenn ich davon sprach, diesen Schwerpunkt ins Zentrum der Dinge zurückgleiten zu lassen... – so sind alle diese Tips im Grunde die gleichen: sie zeigen, wie man eine bestimmte, angeborene Bewegung mit einem Minimum an Störung und Widerstand stattfinden lassen kann; wie man sich selbst den Kräften zur Verfügung stellen kann, die man nicht benutzen kann, weil sie weit über das Selbst des Augenblicks hinausgehen; wie du von der 'Übersetzung' deiner Realität – und 'Übersetzung' ist nichts anderes als die Bewegung auf einer bestimmten Ebene deines Schwerpunktes – zur Transformation kommst, was die Bewegung des Schwerpunktes selbst bedeutet.

Immer wenn du dich selbst oder jemand anders auf einer bestimmten Ebene der Realität kommentierst, dann überträgst du eine besondere Verständnisebene, die du gerade erwischen kannst, und du glaubst, du hättest damit etwas von der Wirklichkeit zu fassen bekommen. Aber immer, wenn du dich gerade um nichts kümmerst, wenn du losläßt, wenn du dich selbst sein läßt, dann machst du dich erreichbar für Transformation. Transformation ist eine vertikale Bewegung, Übersetzung eine horizontale, ein Spinnweb. In gewisser Weise ist jede deiner Fragen ein Versuch, zu übersetzen. Und jedesmal, wenn du auf das Gefühl einer Frage mit Stille reagierst und die Energie einer Frage fühlst, dann wird daraus zwar nicht notwendigerweise eine Transformation, aber du läßt zu, daß sie möglich wird. Immer wenn du 'ja' sagst anstatt 'nein', dann läßt du Transformation anstelle von Übersetzung zu. Immer wenn du 'okay' sagst, bleibst du auf der Bewegungsachse. Immer wenn du dich dem hingibst, was dir widerfährt, der Realität dessen, was gerade ist, dann bleibst du nahe an dieser Pforte, durch die eine teleologische Bewegung kommt. Und immer, wenn du eine Geschichte zusammenspinnst, ein Drama, eine Interaktion, eine Klage, bewegst du dich von dieser Pforte der Transformation fort und hältst dich auf einer begrenzten Ebene fest.

Marx hielt sich selbst, was seine Arbeit anbetraf, auf einer bestimmten, begrenzten Ebene und schrieb Millionen von Wörtern über die Realität, die er von dieser Ebene aus sah. Er nannte das 'dialektischen Materialismus': die Ganzheit des Lebens, gesehen von einer Perspektive einer sehr groben Ebene. Freud schrieb auf einer anderen Ebene fast noch mehr Worte. Alles wurde in Ego-Energien übersetzt – sexuelle Energien, die fundamentale Dualität von Leben und Tod. Und die großen Meister, wie Buddha, hatten eine Perspektive von der höchsten Ebene aus, die uns bekannt ist.

So, wie ich es sehe, findet diese Bewegung von der niedrigsten zur höchsten Ebene, vom Materialismus bis zum Einssein mit dem Kosmos, in jedem einzelnen Menschen ebenso wie in der Gattung als Ganzes statt.

In den frühen Tagen der Menschheit – als der Mensch aus einem sehr einfachen Zustand seiner Natur hervorging, dem Zustand der Bäume, Vögel, Blumen, Schmetterlinge und Fische – *gab es keinen Krieg.* Der war unbekannt. Und dann, als man – und natürlich auch frau – sich seiner selbst bewußt wurde, seiner abgetrennten Realität, seiner individuellen Welt, gab es einen Schritt aus der Natur in die Bewußtheit, und dann wurde jeder andere als Feind angesehen, eine Drohung, eine Einengung des Ego und seiner Fähigkeiten, seiner Größe, seiner Aktivität, seiner Vergötterung – wie man aus der frühesten Geschichte ersehen kann: die Pharaonen, Cäsaren, Dschingis-Khans, die Führer – sie alle wollten die ganze Welt erobern. Und nun gibt es bei ein paar Menschen eine Bewegung vom Ego zurück zum Einssein, aber mit einer Bewußtheit, die es zu Beginn dieser Rundreise noch nicht gab. Nicht die ganze Welt geht diesen Weg. Das Ganze, oder jedenfalls viel davon, wächst immer noch aus der ursprünglichen Unschuld heraus. Die Transformation der Welt liegt noch weit vor uns, wenn dafür überhaupt noch Zeit bleibt. Aber so, wie die ganze Spezies auf der Rückreise ist, beginnt sich auch das Bewegungspotential des Durchschnitts der Gattung nach vorn auszudehnen. Was vor beinahe zweieinhalbtausend Jahren, zu Buddhas Zeiten, nur für sehr wenige möglich war, ist nun für viel mehr Menschen greifbar.

So fängt die Reise für jeden Sucher an, für jeden Menschen, der irgendwie spürt, daß es noch etwas Jenseitiges gibt, daß es weiter geht, daß es mehr gibt, daß Menschsein noch anders schmecken kann als das, was um einen herum stattfindet. Und ihr seid *alle* solche Menschen. Die Frage ist: wie kann man die natürlichen, ständig in allen Menschen wirkenden Kräfte für dieses Ziel nutzen, das lautet: zurück zum Ursprung, zur Quelle zu gehen, aber mit einem Bewußtsein, das Freude bringen kann, eine Leichtigkeit des Herzens, eine Feier, eine Rückkehr zu Gott, wenn du so willst – so, daß du vielleicht zu Gott sagst: „Schön, das Spiel ist vorbei, ich bin zuhause." Schluß!

Nicht, wie der Mittelstürmer, der feiert, daß er gerade ein Tor geschossen hat, nicht wie der Mann, der gerade Wimbledon gewonnen hat, in die Luft springt, seinen Tennisschläger hochwirft und ruft: „Ich habe gewonnen!", oder Archimedes, der Mathematiker, der ein unglaubliches Problem gelöst hat und in Ekstase durch die Straßen rennt. Es gibt viele Arten von Ekstase, aber jede bleibt nur eine kurze Weile. Plötzlich siehst du etwas, das du nie zuvor gesehen hast, plötzlich hast du eine Erfahrung, die du nie zuvor gehabt hast – ihr alle habt das schon erlebt: einen Zustand der Ekstase. Und dann vergeht er, weil es ein neues Problem gibt, eine neue Reise.

Aber an diesen Platz wieder zurückzukommen und zu spüren, daß du zurückgekommen bist: dann feierst du, und das Fest geht weiter. Das Spiel ist vorbei.

Das ist die Reise, und wir tragen alle etwas in uns mit, das den Weg weiß, etwas, das dorthin geht – mehr noch: etwas, das schon dort *ist.* Vom Geistigen zum Geistigen *über* das Geistige. Auf einer bestimmten Ebene geschieht deshalb in Wirklichkeit überhaupt nichts. Wenn du dich so bewegst, dann gibt es in Wirklichkeit gar keine Bewegung. Wenn ihr seht, daß das in euch ist, dann seht ihr auch, meine Freunde, daß es wirklich keine anderen Hindernisse gibt als die, die wir uns einbilden, und daß keiner besser für die Rückkehr ausgestattet ist als der andere, daß keinem mehr auf die Reise mitgegeben wurde als dem anderen.

Ihr müßt die Reise geschehen lassen. Ihr müßt wollen, daß sie stattfindet. Ihr müßt verstehen, daß es in euch etwas gibt, das die Reise nicht will und etwas anderes, das sie will. Ihr müßt erkennen, daß die Verbindung dieser beiden – daß ihr wollt und daß ihr nicht wollt – bedeutet: wir wollen sie mit dem Ego, mit diesem Selbst, mit dem wir uns identifiziert haben. Wir wollen, daß das Ego diesen letzten *Space* erreicht, den Nicht-Ego-*Space.* Aber Tatsache ist: das Ego ist das Hindernis, denn das Ego bedeutet die Identifikation mit einem bestimmten Teil der Reise, mit einer bestimmten Station auf dem Weg. Und diese Station loszulassen, von ihr wegzukommen und wieder auf die Reise zu gehen, heißt erstens: nicht zu wissen, wo du hingehst und zweitens – noch schrecklicher: nicht zu wissen, *wer* da eigentlich geht. 'Warum soll ich mich auf den Weg machen?' fragt das Ego, 'Wenn es nicht ich bin, das sich auf den Weg macht, sondern etwas anderes? Dann bleibe ich lieber hier und schaue, was ich hier machen kann und unternehme diesen unmöglichen Versuch, erleuchtet zu werden.' Solange man mit dem Selbst verkettet ist, kann man die Reise nicht machen, denn du bist nicht für die Kräfte erreichbar, die dich zurückbringen – wenn du es zuläßt, weit, weit hin zu den Sternen.

Wenn viele Menschen zusammenkommen und beginnen, ihre Anker zu lichten, ihre Stationen zu verlassen, dann schaffen sie einen Wind, eine Strömung. Sie schaffen ein Klima der Bewegung. Und genau das versuchen wir: ein Klima des Loslassens zu schaffen, das einzigartige, spirituelle Geschehen in vielen Menschen gleichzeitig stattfinden zu lassen.

Schaut also, ob ihr das in euch fühlen könnt: daß ihr versucht, euch bemüht und euch vortastet zum Verständnis dessen, was euch hilft, dorthin zu kommen, wo ihr hinwollt. Schaut, ob ihr über denjenigen hinaussehen könnt, der so hart daran arbeitet, aber schließt auch ihn ein. Und seht, was dieser eine tun muß; er *hat* etwas zu tun auf dieser Reise. Was muß er machen, um etwas geschehen zu lassen, bei dem er nichts *tun* kann, damit es geschieht? Was kann er tun, und was muß er sehen, das er nicht tun kann, dem er aber erleichtern kann, daß es geschieht? Das bedeutet nicht, daß es wirklich geschieht, aber ihr könnt sehen, in welche Richtung der Wind weht – *ob* er weht, und *wann* er weht, und wie ihr Türen und Fenster öffnen könnt, damit der Wind euch erreichen kann. Und: wie ihr sehen könnt, daß es nur ein Programm ist, wenn ihr tut, was eure Gedanken als hilfreich empfehlen – so erreichen wir die Dinge auf der Ego-Ebene. Warum sollen wir also auf der Nicht-Ego-Ebene nicht auf die gleiche Weise etwas erreichen? Dann könnt ihr aufhören, Energie dorthin zu geben. Das ist es. Der Verstand ist auf bestimmte Weise programmiert: wie man sich verhalten muß, wenn man etwas Bestimmtes im Leben bekommen will. Dann sagt er: „Das muß funktionieren, um über mich selbst auf eine andere Ebene hinauszukommen". Aber so ist es nicht, und das müßt ihr erkennen. Die Logik wird sich in euch einnisten, aber ihr müßt über die Logik hinausgehen, um aus euch selbst hinauszukommen. Ihr müßt sie nicht fallenlassen, denn für bestimmte Tätigkeiten im Leben ist sie gut, aber wenn ihr erforschen wollt, was darüber hinausgeht, müßt ihr sie an einer Stelle zurücklassen, wo ihr sie wiederfinden könnt. Aber dort draußen – da braucht ihr sie nicht.

Es ist ein Zulassen, ein Öffnen, ein Loslassen, ein Warten, ein Schnuppern; es ist eine unsichtbare Verständigung, ein Einschwingen, ein gestaltloser Raum, ein Nicht-Wissen, ein Vertrauen; es ist Erwarten, Spüren, Erkennen; es ist, wie ein Bluthund auf der Spur zu sein, wie ein Segelschiff den Wind zu fühlen, sich ihm zuwenden.

Und denkt daran: es gibt überhaupt niemand, der da sagt, dies könnte nicht auch euch passieren. Ihr habt alles, was ihr braucht. Alle haben es. Also, arbeitet hart und entspannt euch. Versäumt keinen Moment und bleibt federleicht. Schaut in jede Richtung und hört mit dem ganzen Schauen auf – wenn ihr versteht, was ich meine.

Der dreizehnte Tip:

Der Tip ohne Tip

Hört euch diese Zeilen des amerikanischen Dichters T. S. Eliot an. Sie stammen aus einem seiner Werke, das er „Die vier Quartette“ nannte. Hinter den Worten enthält es vieles aus Ost und West. Hört aufmerksam zu, ohne viel nachzudenken. Spürt diese Worte einfach in euch:

In order to arrive	Um anzukommen
at where you are not	wo du nicht bist
you must go	mußt du
through the way	den Weg gehen
in which you are not	auf dem du nicht bist
and what you do not know	und was du nicht weißt
is the only thing	ist das einzige
you know	das du weißt
and what you own	und was du besitzt
is what you do not own	ist, was du nicht besitzt
and where you are	und wo du bist
is where you are not	ist, wo du nicht bist

Klingt nach Unsinn. Es klingt nach Unsinn, weil versucht wird, mit Worten, die ein Teil der Dualität sind, eine Wahrheit auszudrükken, die jenseits der Worte und jenseits der Dualität liegt. Es heißt, daß die Farbe eines Gegenstandes die einzige Farbe ist, die er nicht hat. Die einzige Farbe, die Shunyas Schal *nicht* hat, ist blau. Wir sagen: der Schal ist blau. Die wissenschaftliche Erklärung dafür ist, daß der Schal alles Licht absorbiert außer dem blauen. Das bleibt übrig, wenn das Licht auf den Gegenstand fällt. Es gibt Atomphysiker, die sagen, daß nur ein Teilchen übrigbleibt, wenn alles andere im Gleichgewicht ist. Es ist das, was bleibt. Wenn du definieren oder beschreiben willst, was ein Loch ist, wirst du merken, daß du es nur durch das beschreiben kannst, was um das Loch herum ist. Du kannst sagen, wo es ist, in welcher Umgebung es ist, aber wie kannst du ein Loch beschreiben? Ein Loch ist eine Abwesenheit, aber du kannst es nur durch das beschreiben, was *da* ist. Also ist es gewissermaßen verkehrt herum, auf den Kopf gestellt, umgedreht.

Immer wenn du eine echte Erfahrung von Erleuchtung machst oder von dem, was als Satori-Erlebnis bekannt ist, dann wirst du zu dem Schluß kommen, daß von alledem, was du jemals unternommen hast, um diesen Zustand zu erreichen, nichts von irgendeinem Nutzen war – und für mich gibt es da keinerlei Ausnahmen. Hier sind ein paar Leute, die solche Erfahrungen gemacht haben und mir davon erzählt haben. Aber wenn dieser Seins-Zustand vergangen ist, hat man das Gefühl, enorm hart dafür arbeiten zu müssen. Wenn er dann eintritt, spürst du, daß es nutzlos war, irgendetwas zu tun, ganz zu schweigen von 'harter Arbeit'. Es ist ein gewaltiger Widerspruch. Es ist wie bei Subhuti, der unterm Baum saß, die Blüten regneten hernieder, und die Götter sagten zu ihm, daß es Blüten regne wegen seines großartigen Diskurses über die Leere, und er sagt: „Aber ich habe keinen Diskurs über die Leere gegeben – ich habe gar nichts getan", und sie antworten alle: „Genau!" Es ist wie bei Buddha, dem Modellfall des Suchers und auch dessen, der es geschafft hat; er sagte bei seiner Erleuchtung: „Ich habe in jeder Richtung gesucht, alles probiert, was die Landkarte hergab – dabei lag es die ganze Zeit vor meiner Nase. Tatsächlich: ich hatte schon die ganze Zeit das, wonach ich suchte, und ich habe absolut nichts Neues durch die Erleuchtung bekommen!"

Worauf all das hinzielt – so, wie ich es sehe –, ist etwas, das die menschliche Situation im Innersten betrifft. Wenn du etwas sehr Persönliches von einem Mann wie Krishnamurti liest, vor allem seine Tagebücher, wirst du durch all diese Bücher hindurch, fast auf jeder Seite, Versuche finden, dem Leser etwas über die Zustände mitzuteilen, in denen er sich befindet oder in die er gerät, über Erkenntnisse, die er immer wieder macht. In diesem Zustand, von dessen Existenz er immer wieder allen erzählt, würde er überhaupt nichts schreiben. Er würde es einfach nicht tun. Zum einen geht man so in dem auf, was einem widerfährt, daß es weder Zeit noch Raum gibt, auch nur etwas aufzuschreiben. Zum anderen merkt man, daß nichts, was man aufschreibt, von irgendeinem Nutzen sein kann, sondern in Wirklichkeit eher eine Ablenkung wäre. Nur wenn du *nicht* in diesem Zustand bist, kannst du etwas darüber sagen. Ihr kennt alle die Geschichte von der Tomatensuppe. *(Michael zitiert oft eine Geschichte aus U. G. Krishnamurti's „The Mystique of Enlightment". In dieser Geschichte erlebt U. G. K. die Suppe so total im Hier und Jetzt, daß er alles vergißt – sogar daß er schon gefragt hat, was das für eine Suppe ist. Hrsg.)* Während Krishnamurti sich in solch einem Zustand befindet, könnte er unmöglich über diesen Zustand schreiben. Wenn er darüber schreibt, daß er in gewissen Zuständen nicht weiß, was Tomatensuppe ist, sogar dann nicht, wenn man es ihm sagt, – dann weiß er an solch einem Punkt sehr genau, was Tomatensuppe ist.

Als ich mein erstes großes Satori-Erlebnis hatte, war es mitten in einer Gruppe. Ich war in der Gruppe, und plötzlich war ich nirgendwo, und die ganze Gruppensituation erschien mir total absurd. Ich war völlig unfähig zu sprechen, mindestens ein oder zwei Stunden lang, und strengte mich auch gar nicht an zu sprechen. Dann wollte ich den Leuten in der Gruppe mitteilen, was ich von dieser Stelle aus sah, aber ich konnte nicht sprechen. Als die Gruppe um halb zehn anfing, hatte ich gleich zu Anfang diese Erfahrung, und als sie in der Nacht um halb elf endete, hatte ich kein Wort gesprochen. Immer wieder bildeten sich Wörter, und dann fielen sie ab. Dies traf es nicht und jenes nicht, das wird alle in die falsche Richtung führen, jenes wird mißverstanden. Mein Verstand machte mir in meinem Innern während der ersten paar Stunden tausend Vorschläge, den Leuten zu vermitteln, was geschehen war, und keiner traf es. Das ist es also, wonach ihr sucht. Jeder hat eine Vorstellung von dem, wonach er sucht; selbst das, was ich heute morgen sage, wird euch eine Vorstellung davon geben – und dennoch kann keine dieser Vorstellungen von irgendeinem Nutzen sein. Die beiden Gründe dafür sind: erstens, daß du, ich, jedermann diesen *Space* nicht *ergattern* kann. Man kann nur in ihn hineinfallen. Und wenn man in ihn hineinfällt, kann man nicht wieder herausfallen. So lange man nicht herausgefallen ist, *ist* man *nicht*, sozusagen. Man kann gewissermaßen auf der Grenzlinie zwischen der Existenz und der Nicht-Existenz leben. Wenn du in diesen *Space* gehst, den ich Nicht-Existenz genannt habe, ist es unmöglich, sich mit anderen Menschen wirklich zu verständigen, die nicht in diesem Zustand sind. Ramakrishna, nach dem der Raum benannt ist, in dem wir gerade sitzen *(einige der Räume in der Belsitostraße sind nach Meistern der Vergangenheit benannt. Hrsg.)*, verfiel tage- und nächtelang in diesen Zustand. Seine Schüler mußten ihn aufwecken. Man mußte ihn schlagen, schütteln, anschreien. Man mußte ihn zwangsernähren, und wenn er anfing herauszukommen, rief er: „Laßt mich in Ruhe. Ich bin bei Mutter Kali. Ich möchte nichts anderes als das. Macht, was ihr wollt. Laßt mich in diesem Zustand!" Wann immer jemand etwas sagt, schreibt, mit Worten lehrt – als Unterschied zum Lehren durch die Anwesenheit, das Da-Sein – dann ist er *nicht* in diesem Zustand. Er – oder sie – mag an diesen *Space* rühren, die Energie dieses Zustandes mag ihn vielleicht durchfließen, aber er ist nicht in diesen Zustand eingetaucht. Eine von Ramakrishnas kleinen Parabeln war diese: eine Puppe aus Salz machte sich auf, den Ozean ausloten. Wer kam zurück, um zu berichten? Die Salzpuppe löste sich einfach auf, sie konnte nicht zurückkehren.

Ich gehe in diesem Haus die Treppe hoch und beteilige mich an dem, was geschieht. Sagen wir, zum Beispiel am Newsletter*) oder ich rede mit Chaitanya über dies und jenes. Ich bewege mich im Haus, ich gehe zurück in mein Zimmer, öffne die Tür, und da ist es. Es ist im Zimmer. In gewisser Weise war es nicht bei mir, während ich umherging. Genau in dem Augenblick, in dem ich die Tür öffne, trifft es mich. Dieser *Space* ist im Zimmer. Wenn ich eintrete, schließe ich meine Augen und falle sofort hinein. Das klingt seltsam. Ich bin oben und rede mit den Leuten in ihrer normalen Realität. Dann gehe ich die Treppe runter, in ein leeres Zimmer und fühle dort genau diesen Zustand, diesen *Space*, der über alles hinausgeht. Wenn ich also mit euch rede, dann ist er nicht so vollständig da, wie wenn ich es nicht tue. Manchmal komme ich herunter, wie heute morgen, einen *Morning Talk* zu geben. Ich sitze hier und ich fühle diesen Zustand ungeheuer stark. Ich beginne zu sprechen, und er ist nicht mehr so stark. Ich muß in ein leeres Zimmer gehen, um wieder Verbindung aufzunehmen mit etwas, das wirklich meine eigene, höchste Realität ist. Ich muß in einen leeren Raum gehen, um das zu bekommen. Du wendest dich ab, du vergißt es gänzlich, und plötzlich ist es da. Du arbeitest darauf hin, du unternimmst jede Anstrengung, und du kannst es nicht erwischen. Dann versuchst du, den Verstand dazu zu benutzen, und natürlich schaffst du es damit auch nicht.

Dieser jenseitige Zustand ist nicht nur ständig da, sondern er wirkt auch immer, selbst wenn du ihn nicht fühlen oder schmecken kannst. Er wirkt immer auf dein Leben. Er ist bei weitem die stärkste Kraft, die dein Leben beeinflußt, und deine eigenen Anstrengungen, Berechnungen, Entscheidungen, dein Schicksal zu bestimmen, sind winzig, beinahe bedeutungslos. Es ist in Wirklichkeit eine kosmische Energielinie, die jeden von uns auf unseren vorbestimmten Linien mitnimmt.

In größerem Rahmen geschieht das die ganze Zeit. Jemand wie Satprem trifft mich in einer Gruppe, vor ein paar Monaten. Von diesem Augenblick an war es für ihn unausweichlich, daß er jetzt in Zürich ist, aber er geht durch heiß und kalt, durch ja und nein und überlegt, entscheidet, überdenkt und entscheidet von neuem. Ich meine, das kann man tun. Man kann nicht sagen: „Gut, dann gehe ich mit diesen Kräften mit, und wir arbeiten von jetzt an zusammen", denn in gewisser Weise ist es unmöglich, dich mit diesen Kräften zusammenzutun. In Wirklichkeit ist alles, was du an diesem Punkt machen kannst, dich ein wenig davon zu entspannen, über dein eigenes Leben zu entscheiden – und einfach zu fühlen, in welcher Richtung der Wind weht. Wenn der Wind dich jetzt in den Hafen treibt und du im Hafen bist, dann mach dir's bequem. Trink eine Tasse Tee. Wenn der Wind dich wieder auf die sieben Meere bläst, wird er das tun, und mach dir keine Sorgen, daß du nicht an Bord bist, wenn dieser Wind weht. Du wirst auf dem Boot sein, genau zur rechten Zeit.

Da du also dort bist, wo du bist, und da es keine Möglichkeiten gibt und auch nicht gab, irgendwo anders zu sein, kannst du dich genausogut entspannen und es genießen, so gut du kannst, Kybele. Genieße es. Kennst du das Wort? *Enjoy it.*

Irgendwo in diesem ruhigen, diesem unbekannten, geheimnisvollen Zustand liegt die Schönheit, die Entspannung, liegt der eine, der das *leela *)* spielt. Und der, der dein *leela* spielt, ist der gleiche, der meines spielt und seines und ihres. Rund um den Maibaum tanzen, tanzen, tanzen in die Ekstase. Irgendwo, irgendwie ist das ein Symbol für die Wahrheit des Lebens. Einfach um den Maibaum tanzen, Hand in Hand, und sich selbst vergessen. Keine sehr ernsthafte Beschäftigung, nicht sehr tiefsinnig, nicht gerade geschichtsträchtig; dafür werden keine Standbilder errichtet. Aber alle, für die Standbilder erstellt wurden, haben meiner Meinung nach den Sinn des Lebens überhaupt nicht verstanden. Nicht im geringsten. Sie haben kaum die Bedeutung ihrer eigenen Identität erfaßt. Die Geschichtsbücher sind voll von großen Männern, aber auch für die größten von ihnen findet man nur ein paar Statuen, die herumstehen, ihres Lebens zu gedenken. Aber wie viele kleine Nachbildungen des Buddha gibt es? Millionen, vielleicht Milliarden. Und wie viele Symbole für Christus? Millionen. Diese Menschen waren keine historischen Personen. Sie berühren etwas, das in jedem enthalten ist, und deshalb sind sie überall. Wenn du etwas anrührst, das in jedem ist, dann bedeutet das, daß du über dein eigenes, abgetrenntes Selbst hinausgegangen sein mußt. Deshalb wirst du das, was du suchst, nicht in diesem eigenen, getrennten Selbst finden – höchstens dein historisches Potential, das nicht viel wert ist.

Also: dieser Weg, dieser Weg, dieser Weg. Du kannst diesen Weg nicht ‘gehen’, aber du kannst dich an ihm orientieren.

Orientiere dich an diesem Weg, dieser Nicht-Richtung, diesem Niemands-Weg, dieser Nirgendwohin-Straße.

Okay.

Der vierzehnte Tip:

Der Brunnen des Authentischen

Zuerst möchte ich euch eine Zen-Geschichte erzählen, die ihr vielleicht schon gehört oder gelesen habt. Sie ist ziemlich bekannt, obwohl ich sie selbst noch nie erzählt habe – glaube ich jedenfalls.

Es gab einen Zen-Meister, der eine bestimmte Angewohnheit oder auch Methode hatte. Bei einem Meister ist das dasselbe, wirklich. Was wie eine Angewohnheit aussieht, ist im Grunde eine Methode. Und wenn ihm eine Frage gestellt wurde über etwas wie Erleuchtung, Liebe, Glück oder Buddha, dann pflegte er den Zeigefinger in die Luft zu strecken und zu sagen: „Ho!" Natürlich stach diese Angewohnheit im Kloster ziemlich heraus. Und die Leute kicherten manchmal ein bißchen, hinter vorgehaltener Hand beim Mittagessen, wenn er nicht da war.

Da trat ein junger Bursche ins Kloster ein. Gerade so ein Junge wie Mushin. Vielleicht war es Mushin, er scheint schon ganz amüsiert, dabei habe ich die Geschichte noch gar nicht erzählt; er muß sie schon kennen. Wie viele Finger hast du an deiner Hand, Mushin? Dieser Junge kam, und weil er jung war, war er ein bißchen waghalsig. Anstatt es also im Geheimen zu tun, machte er den Meister nach, wenn alle Mönche zum Essen versammelt waren. Wenn ihm jemand eine Frage stellte, wie: „Kannst du die Kartoffeln holen?", dann antwortete er: „Ho!" und natürlich lachten alle, denn so sind die Leute. Genau wie sie lachten, als Inazuma heute nachmittag meine Energiearbeit nachmachte. Alle – nein, nicht alle, aber viele – lachten. Sie sehen es gern, wenn 'der Mann' ein bißchen verulkt wird.

Dem Meister kam die Angewohnheit des Jungen zu Ohren, und so rief er ihn während einer Meditationsperiode nach vorn, als jedermann anwesend war. Er sagte: „Ich höre, daß du mich sehr gut nachmachen kannst“, – wie Inazuma es mit mir macht – „könntest du es mir vorführen?“ Nun, der Junge war natürlich sehr verlegen. Es zu tun, wenn der Meister fort ist, ist eine Sache, aber wenn der Meister da ist, das ist ein etwas stärkeres Stück. Wie dem auch sei – der Meister lächelte und sah so wohlwollend aus, daß der Junge dachte: „Schön, es ist ungefährlich.“ So hob er sein Gesicht zu dem des Meisters und sagte: „Nun, frage mich etwas. Ich brauche die richtige Anregung.“ Der Meister sagte daraufhin: „Was ist Buddha?“ Und der Junge erhob seinen Zeigefinger und sagte: „Ho!“ In diesem Augenblick zog der Meister sein Schwert und – zack – schlug er dem Jungen den Finger ab. Der Bursche blieb stehen, Inazuma, mit erhobenem Finger, aber da war kein Finger mehr. Alle waren schockiert. Und der Junge hielt sofort inne. Alles hörte für ihn auf, die ganze Welt hielt an.

Dieser Junge – das könnt ihr selber nachlesen, ich habe es mir nicht ausgedacht – wurde ein berühmter Meister, ein neunfingriger, sehr berühmter Meister.

Die Geste des Meisters, den Finger zu heben, war das, *was er machte.* Auf diese Weise drückte er seine Erleuchtung aus. Das war seine Antwort auf seine Schüler. Es war eine seiner Möglichkeiten, die Wahrheit so, wie er sie erfahren hatte, Menschen zu vermitteln, die sie noch nicht in diesem Ausmaß erfahren hatten. Es war eine ursprüngliche, völlig authentische Bewegung seines Seins. Es war keine Angewohnheit. Es war seine Aussage, aus seiner Leere heraus an die geschäftige Welt. Aber für den Jungen war es nur eine leere Geste.

Und als er erleuchtet wurde, verwendete er nicht die Finger-Methode, nicht einmal mit dem verbliebenen Zeigefinger. Seine Methode war vollkommen anders. Wenn ihr etwas habt, das für die Menschen von großem Wert ist und ihr es an andere weitergeben wollt, dann werdet ihr eure eigene Methode haben.

Ich mache viele Dinge aus dem Versuch heraus, etwas an euch weiterzugeben. Dazu gehört etwas, das ich einfach tue, weil es so geschieht, nämlich: daß ich Energiewellen an euch aussende. Um das zu tun, macht mein Körper bestimmte Bewegungen, damit ich euch erreichen kann. Könntet ihr das empfangen, indem ich einfach dasitzen würde, dann würde mein System vermutlich darauf reagieren: ich würde mich nicht mehr auf diese Weise bewegen, keine Mandalas mehr machen, nicht in der Gruppe herumgehen, um mich mit euch und euren Energiesystemen zu verbinden. Wenn ihr in stiller Kommunikation erreichbar wärt, dann wäre die Antwort meiner Energie vermutlich ebenfalls still. Aber weil eure Systeme so nicht sind und weil mein System sich mit eurem verständigen möchte, entstehen Bewegungen. Und die soll man bitte nicht nachmachen. Das ist kein Manierismus. Ich will damit nicht sagen, daß ich keine Eigenheiten habe. Wenn ihr irgendwelche Manierismen an mir entdeckt, bin ich der erste, der mitlacht. Aber das ist keine Eigenheit. Das geschieht, wenn ich mich euch gegenüber auf einer bestimmten Ebene öffne und mit euch auf dieser Ebene kommuniziere, wenn ich ein Echo in euch hervorrufen möchte. Und es kann viele, viele Jahre brauchen, bis einige von euch beginnen, von selbst mitzuschwingen, so daß ich keine weiteren Energiebewegungen mehr auf euch zu machen muß. Aber bis zu diesem Zeitpunkt hat das überhaupt nichts mit mir zu tun. Tatsächlich seid *ihr* es, die das in mir hervorrufen. Wenn ihr das nachmacht, erscheint ihr mir lächerlich. Ich bin dagegen nicht empfindlich; ihr seht einfach lächerlich aus, weil es für euch nicht authentisch ist.

Heute Abend habe ich nicht die Energiearbeit gemacht, die ich normalerweise tue. Ich tat etwas anderes, das aber auch ein Energiegeschehen war. Ich versuchte, euch authentisch werden zu lassen – ohne irgendein Urteil über die Art des Authentischen, das ihr zeigen würdet. Man kann über etwas Authentisches nicht urteilen. Es liegt jenseits von Urteilen. Was hat Bhaskar gemacht? Er hat nicht viel gemacht, aber es fühlte sich richtig an, und jeder war davon berührt. Was Ingrid tat, war auch authentisch. Es hatte nicht solch eine starke Wirkung auf die Leute, aber trotzdem war es authentisch. Was die meisten taten, war entweder davonrennen oder auf eine Art Vermeidungs-Trip gehen und einfach nicht hier sein.

Wir sind alle mit dem Glauben groß geworden, daß wir uns beweisen müssen. Wir müssen unterhaltsam sein, amüsant, faszinierend, wir müssen andern Menschen Eindruck machen; wir müssen sie irgendwie dazu bringen, auf uns zu reagieren. Und wir fürchten uns, einfach zu *sein*. Wenn es geschieht, daß dieses *Sein* eine magische Qualität enthält, dann fühlen wir uns wohl, einfach zu *sein*. Aber wenn wir uns anschauen und sehen, daß wir inaktiv, nicht spielerisch, nicht herausfordernd oder anregend sind, dann rennen wir weg in eine Rolle, in ein Spiel. Betrügt euch nicht selbst auf diese Art. Unsere ganze Erziehung ist darauf ausgerichtet, uns selbst zu betrügen. Vom ersten Tag an. Wenn wir das nicht tun, werden wir nicht geliebt, nicht belohnt. Wenn wir dies nicht tun, freut sich die Mutter nicht. Und wenn wir jenes tun, dann wird der Papa wütend. So verkaufen wir uns selbst, um den Gegenwert an Beliebtheit, Liebe oder Sicherheit zu gewinnen. Man muß diese Spiele beenden, alle, und das Risiko auf sich nehmen, als Nicht-Wesen zu enden. Und wenn du ein echtes Nicht-Wesen bist, wenn deine Nicht-Wesenheit echt ist, wirst du dich unmittelbar als Teil des Universums erfahren, und du wirst dich nicht mehr darum kümmern, was für eine Meinung die Leute von dir haben, überhaupt nicht mehr. Du wirst absolut zufrieden sein und eins mit dir und deinem Leben.

Nun noch etwas für die, die mit dem Verstand suchen – das tun viele von euch, und es ist völlig in Ordnung, man kann vieles auf diese Weise verstehen. Für die möchte ich weitersprechen über etwas anderes, das an diesem Abend deutlich wurde. Wenn ihr das Gefühl habt, daß das, was ich jetzt sage, schwierig ist für euch, dann lauscht einfach der Stimme, strengt euren Verstand nicht unnötig an. Aber für einige Leute wird es bedeutsam sein. Und als Beispiel für das, was ich sagen möchte, werde ich das Erlebnis verwenden, das wir hatten, als Terton in der Mitte war. Wie die anderen, die ich genannt habe, war auch Terton völlig authentisch. Das war eine echte Reaktion von ihm auf die Situation. Aber Authentizität ist nichts Fixiertes. Es gibt verschiedene Ebenen davon.

Man kann jemanden auf der Straße treffen, der sagt: „Ich bin ganz einfach auf diese Art natürlich, über die ihr was herausfinden wollt. Was macht ihr denn nur – geht auf all diese Gruppen, spielt mit der Energie herum, wozu? Ich habe eine Kneipe, ich mach das gerne, ich trinke fünfzehn, zwanzig Bier am Tag, schlage meine Frau, wenn mir danach ist, trete den Hund und prügle die Kinder, wenn es mir gefällt. So bin ich." Und du sagst: „Ja, ich kann es sehen, du paßt perfekt in deine Kneipe" – groß, fleischig, rotes Gesicht, dicker Bauch, verrückte Augen, blind, voller Vorurteile. Aber auf eine Art hat er recht. Er benimmt sich natürlich auf der Ebene, die er gewählt hat, sein Leben zu leben. Er stellt es nicht in Frage.

Auf bestimmte Weise ist er genau er selbst. Aber den Standpunkt, von dem aus solch ein Mensch beständig handelt – und bei diesen Leuten liegt eine gewisse Schönheit darin, daß sie ungeheuer beständig sind – diesen Punkt stellt er selten in Frage. Ein Farbiger ist ein Nigger, ein Kameltreiber, unerwünscht. Darüber gibt es keinen Zweifel. Auf Leute wie diesen Kneipenwirt ist Verlaß, normalerweise, im Krieg, sie kämpfen für ihr Land oder ihre Vorurteile oder ihren Glauben. Sie haben eine gewisse Klarheit, die ihr nicht habt.

Dieser Kerl, über den ich gerade spreche, befindet sich auf der ersten Stufe. Alles ist klar, geradeheraus, schwarz ist schwarz und weiß ist weiß. Ich mache dies, ich mache jenes, das ist meine Frau, das sind meine Kinder. Kein Durcheinander.

Dann bewegt man sich von dieser Ebene fort, stellt sie in Frage und alles ist unsicher, verwirrt – was soll ich tun? wer bin ich? wie bin ich? Gibt es einen Weg, sich selbst zu kennen, ohne man selbst zu sein? Kann man in Frage gestellt werden? Kann man sich selbst erforschen? Was ist das? Setzt das meinem Leben ein Ende? – und Millionen anderer Fragen. Und schließlich gelangst du an einen Ort, wo du wieder bist, unbetroffen von solchen Fragen, aber du handelst jetzt von einer anderen Ebene aus. Du denkst: „Ah, ich bin angekommen!" – und dann wird auf einmal wieder alles unsicher. So kann das immer weitergehen.

Es ist eine Bewegung. In der Metapher, die ich verwende, heißt das so etwas wie: an einer senkrechten Achse entlangzugehen. An jedem Punkt auf dieser Achse bist du gewissermaßen in deinem Zentrum. Von dort heraus kannst du auf eine Dimension der Realität wirken, mit einem Gefühl, zentriert zu sein. Und dann – ein Schlag. Du fällst, und auf einmal nützt dir all das nichts mehr. Du bist verloren! Du denkst: „Ah, jetzt sehe ich mal, wer ich auf dieser Ebene bin." Und dann fängst du wieder an, dein Netz auszubreiten: „*Der* bin ich, *das* ist es, was ich tue, jetzt weiß ich es..." Und wieder ein Schlag! Wieder bist du unten. Jemand zieht dir den Boden unter den Füßen fort, und – hinunter geht's. Vielleicht hört das nie auf.

Wenn es einen Schlußpunkt gibt – falls wir das annehmen; vermutlich gibt es keinen –, dann natürlich in dem Moment, in dem du dein ganzes Sein, deinen Aktionskreis auf diese Ebene gebracht hast. Als Terton 'geschah', habt ihr vielleicht gemerkt, daß ich seiner Authentizität Raum ließ, und gleichzeitig wollte etwas in mir zu ihm hingehen und ihm einen Schlag versetzen, damit er an der Achse seiner Authentizität heruntergleiten würde auf eine tiefere Ebene. Bis zum Ende habe ich das nicht in die Tat umgesetzt. Aber euch ist aufgefallen, daß er sich sofort öffnete, als ich am Schluß zu ihm hinging und ihn berührte, obwohl seine Hände völlig verkrampft waren. Da war nicht die kleinste Pause dazwischen. Es geschah nicht so sehr auf energetische Weise, wie ich seine Energie löste. Vielmehr ließ ich seine Energie, seine Authentizität hinuntergleiten – so daß er nicht mehr der Terton war, der in dieser Weise auf die Situation reagierte, sondern ein neuer Terton.

Es ist ähnlich, wie wenn jemand sagt: „Ich bin homosexuell" und diese Homosexualität lebt. Das ist authentisch. Aber es ist auch oft das, was Jean-Paul Sartre den „schlechten Glauben" nannte. Er beschreibt dies in seinem Buch „Sein und Nichts", und es ähnelt dem, worüber ich hier spreche, nur drückt er es anders aus. „Schlechter Glaube" bedeutet: „Ich bin ein Homosexueller und ich kann dem nicht entrinnen. Es ist mein Schicksal. Das ist das einzig Authentische, was ich habe." Es bedeutet: „Ich bin an diesem Punkt der Achse. Das ist mein wirkliches Aktionsfeld, ich spiele nichts vor, indem ich vorgebe, daß ich es nicht sei. Ich werde jetzt ein echter Homosexueller sein.“ Aber das heißt, die Möglichkeit nicht zu erkennen, sich auf eine andere Ebene fallen zu lassen, auf der die Homosexualität einfach verschwindet.

Es geht also darum, echt zu sein, aber sich nicht auf die Vorstellung zu fixieren, daß diese Echtheit genau so bleiben muß bis ans Ende des Lebens. Man kann auf einer Ebene als Dichter oder Musiker echt handeln. Dann kann die Authentizität sich ändern, und du willst nicht mehr schreiben oder malen oder Musik machen. Es hört völlig auf. In Poona ist das immer wieder geschehen: so viele Gitarren lagen herum, die jahrelang niemand mehr anfaßte. Die Leute kamen nach Indien mit der Gitarre für die Reise, spielten ein bißchen, saßen im Garten und musizierten eine Woche, und dann sahst du ihre Gitarren nie wieder.

Ein paar Jahre später nahmen vielleicht einige wieder ihre Gitarre in die Finger. Denn auf einer tieferen Ebene des Authentischen kommt die Musik wieder, oder die Poesie oder das Malen. Und dann kann es auch wieder verschwinden. Wenn du authentisch bist, nimmst du das einfach an. Es ist aufrichtiger und lohnender zu sagen: „Jetzt kann ich einfach nicht malen!“ als zu kämpfen und etwas zu wiederholen, das du gemacht hast, als es echt war. Das beeinträchtigt dich nur. Es gibt nichts Schöneres als das Gefühl, eins mit sich selbst zu sein. Das ist die echte Kunst. Und das echte künstlerische Bemühen liegt darin herauszufinden, wie man sich an der Achse des Authentischen hinabbewegt.

Wenn ihr diese Achse hinuntergleitet – zumindest so weit, wie ich es getan habe – geschieht dies: ihr tut nichts mehr aus eurem eigenen Willen heraus. Der Wille verschwindet. Ihr habt ihn, ihr könnt ihn benutzen, wenn ihr wollt. Aber euer natürlicher Zustand ist, daß ihr überhaupt keinen Willen gebraucht. Das bedeutet: wenn der Wind weht, dann füllt ihr euch, wie die Segel einer Yacht, und wenn er nicht weht, dann bleibt ihr leer. Dann sitzt ihr fest.

Ich habe gerade neulich ein Buch übers Segeln gelesen, über die alten Seeleute, als es nur Segelschiffe gab. Und sie erzählten ganz gewöhnlich davon: „Nun, wir lagen sechs Wochen lang auf der Stelle, in der Südsee, und haben auf Wind gewartet.“ Sechs Wochen saßen sie auf dem Schiff herum. Kein Wind, keine Bewegung. Ohne Motor. Dann kommt der Wind schließlich, und los geht es, unbekannten Ländern entgegen.

Da gibt es keinen Ehrgeiz mehr, es kann ihn nicht geben. Bist du erst einmal ehrgeizig, dann versuchst du, diesem unbekannten *Space*, in dem du bist, zu erzählen, wie er zu dir kommen soll. Du versuchst, etwas zu erzwingen, das nicht zu erzwingen ist. Wenn du eine Vorstellung davon hast, *wie* es dir geschehen soll, dann verpaßt du, *was* dir geschieht. Aber wenn du wirklich annimmst, was dir widerfährt – oder auch nicht widerfährt – dann findest du heraus, daß auch dann, wenn nichts passiert, gerade so viel geschieht, wie du dir nur wünschen kannst. Du läßt die Vorstellungen fallen, was geschehen soll und das Bild, wie du gern sein würdest. Du bist einfach mit dem, was geschieht, wenn du gar nichts *tust*. Allein der Geschmack davon – und du fühlst dich so voll, daß es nicht das Geringste ausmacht, ob etwas anderes passiert oder nicht. Und wenn etwas passiert, ist das kein bißchen besser, als wenn nichts passiert. Einem Teil von Dir macht es mehr Spaß, aber im wesentlichen gibt es da keinen Unterschied.

Ihr müßt herausfinden, was ich da erzähle, indem ihr an die richtige Stelle schaut. Worte können euch nicht an diese Stelle führen; sie existierte, bevor die Wörter existierten. Sie liegt jenseits der Gedanken. Tatsächlich gibt es keine Gedanken, wenn du dort bist – oder die Gedanken sind Bewegung, wie Tanz eine Bewegung ist. Sie sind eine Bewegung, die kommt, sich selbst erfüllt und dann aufhört. Und dann ist diese Stelle wieder frei von Gedanken. Du hörst auf, ihnen zu lauschen, dann sterben sie ab. Du siehst, wofür die Gedanken sind, und sie welken fort. Der Wind nimmt sie mit sich und du gehst nicht mit ihnen.

Und ich möchte diesen Wind zu euch bringen, aber ihr hört auf euren dummen Verstand und sagt: „Nein, wir wissen es besser.“ Vielleicht wißt ihr es wirklich besser, aber nicht mit eurem Verstand. Wenn ihr in eurem Verstand sitzt, dann wißt ihr es bestimmt nicht besser. Ich kann es euch versichern, denn ich habe alle Winkel des Verstandes ausgekundschaftet. Und ich sage euch, daß ihr das, was ich gefunden habe, in eurem Verstand nicht finden werdet. Falls ihr es findet, und wenn ihr es findet, werdet ihr jubeln, nicht nur mit einer brillanten Idee oder einem großartigen Gedanken, sondern ständig. Weil ihr nämlich zur Ruhe gekommen seid.

Da steht nicht mein Verstand gegen euren, obwohl es für euren Verstand so aussehen kann. Es ist euer Verstand gegen Nicht-Verstand. Und ich kann euch nicht direkt zum Nicht-Verstand bringen. Aber Nicht-Verstand hat eine Energie. Der *Space*, in dem die Gedanken verschwinden, hat eine Energie. Und mein Weg ist es, diese Energie zu euch zu bringen, damit etwas in euch mitschwingt, das auch die Nicht-Verstand-Energie ist. Dann ist der *Space*, auf den ihr euch zubewegt, schon bereit und verfügbar, wenn ihr euren Verstand zu durchschauen beginnt und ihn allmählich fallen laßt. Wenn der Verstand anhält, habt ihr Lichtblicke.

Wenn der Verstand anhält, steht die ganze Welt still.

Drei Mönche stehen auf einer Brücke. Einer sagt: „Der Fluß fließt wunderbar unter der Brücke." Der zweite sagt: „Nein, die Brücke bewegt sich über den Fluß." Und der dritte sagt: „Ihr Dummköpfe! Nur der Verstand bewegt sich!"

Nur der Verstand bewegt sich. Wenn du über etwas Bescheid wissen willst, dann bewegt sich nur der Verstand.

Dein Verstand würde dir sogar erzählen, du wärest im Nicht-Verstand. Sei nicht dumm, Jissomusso, hör auf, auf deinen Verstand zu hören. Sei nicht dumm, Arvind, hör auf, auf deinen Verstand zu hören. Inazuma, du hast gesehen, daß der Verstand dein Feind ist, nicht dein Freund, gerade jetzt. Und nimm keine Notiz von ihm. Er ist ein Dämon.

Wenn du an der Achse deiner Authentizität heruntergleitest, kann das nicht ohne Leiden, nicht ohne Schmerz geschehen.

Denn wir hängen an unserer Authentizität, an jeder Stelle. Und davon weggezogen zu werden ist schmerzhaft, selbst wenn du wirklich weitergehen willst, Indra, an der Achse herunter. Es gab ein ganzes Muster von Angewohnheiten, die uns auf dieser Ebene in Gang hielten. Und ihre Anspannung, in Gang zu bleiben, gegen den Sog, sie fallen zu lassen, erzeugt Schmerz, Leiden. Du mußt dieses Leiden annehmen. Aber wenn du damit auf einer Energie-Ebene umgehst, wirst du viel schneller vorankommen. Du mußt wissen, daß dein Leiden, deine Wut, deine Eifersucht usw. dadurch verlängert werden, daß du im Kopf ein Tonband davon ablaufen läßt. Du gehst immer wieder durch, was passiert ist, immer wieder, und jedesmal, wenn du dieses Band abspielst, kommt der Schmerz. Wenn du damit einfach als Energie umgehen kannst, dann ist es manchmal nicht einmal mehr ein Schmerz.

Fritz Perls, der Gründer der Gestalt-Therapie, pflegte zu sagen: „Schmerz ist nichts als eine Meinung." Seht ihr, es ist nur eine Bezeichnung. Wir erkennen gar nicht wirklich, was dieses etwas *ist*. Wir sagen: „Ah, ja, ich weiß, ich habe gelernt, daß das Schmerz genannt wird. Deshalb ist das, was ich erleide, Schmerz. Deshalb muß ich etwas tun, damit er aufhört." Aber wenn du das fühlst, was du Leiden oder Schmerz nennst, dann schließ die Augen, geh hinein, und vielleicht entdeckst du, daß es einige positive Seiten hat; daß dein ganzes Wesen davon betroffen wird. Ich habe in diese Richtung geschaut, und ich fand heraus, daß es unter diesem Gefühl von Schmerz, von Leiden, immer ein Gefühl von Aufregung gibt. Erstens, glaube ich, ist das ohnehin da. Ich sah es jedesmal, wenn ich durch so etwas gegangen bin. Danach fühlte ich mich neu, gereinigt, offener, entspannter, weniger festgelegt. Und je schmerzhafter es war, desto größer schien die Belohnung oder der Gewinn. Nachdem ich diese Erfahrung gemacht hatte, fühlte ich das Leid, wenn immer es kam, aber etwas in mir sang: „Hey, großartig, was wird danach kommen? Es dauert lang, diesmal, aber trotzdem wird da etwas sein!" Und es ist wahr. Du kommst immer mit einem Plus heraus, wenn du auf einer Ebene der Energie da durchgehst. Wenn du auf der Verstandes-Ebene durchgehst, wenn du versuchst, es herauszufinden und zu verstehen, dauert es tausendmal länger. Es ist nichts als ein Energiegeschehen. Zurückweisung ist nur ein Energiegeschehen. Jemand ist wütend auf dich, du denkst, das ist ungerecht, aber streite nicht. Manchmal mußt du natürlich streiten, es ist ein schönes Spiel. Aber manchmal auch nicht. Schließ einfach die Augen.

Ich erzähle euch nicht, daß ihr etwas tun sollt, was ich noch nie versucht habe. Ich habe es nicht nur versucht, sondern immer und immer und immer wieder gefunden, daß es *jedesmal* funktioniert, letztendlich. Es hat mich nie im Stich gelassen. Manchmal dauert es halt länger. Die Eifersucht hat mich lange geplagt, aber endlich hat es geklappt. Aber wenn ihr es nicht so macht, dann könnt ihr euer ganzes Leben lang eifersüchtig sein. Es ist ziemlich normal, die Eifersucht niemals zu verlieren. Die meisten Menschen sind entweder un-eifersüchtig oder aber eifersüchtig geboren, und dann sterben sie auch eifersüchtig. Nur wenige *verlieren* die Eifersucht im Leben. Vielleicht, indem sie sich nicht mehr um andere Leute kümmern, ihr Interesse verlieren – dann ist es einfach, nicht eifersüchtig zu sein. Oder vielleicht haben sie überhaupt keine Verbindung zu ihren Gefühlen. Aber für heißblütige Leute wie uns ist sie wirklich hart, die Eifersucht. Sie ist nicht einfach irgendein Energiegeschehen, sie ist *das* Energiegeschehen par excellence. Für mich war sie das jedenfalls. Aber wir können gewinnen. Wir können sie schlagen. Tushita weiß, wie man sie überwindet. Sie hat sie besiegt. Nun, ich weiß nicht, ob sie es völlig geschafft hat, aber sie hat es benutzt in ihrer Beziehung zu diesem Irren hier drüben. Sie war großartig, wirklich großartig. Und sie ist so viel reicher geworden. Denn diese Energie besteht nicht im Abwehren, sondern alle Energie, die in diesem Feuer gebunden war, kommt als Liebe, Wärme, Freude, Entspannung oder Offenheit heraus. Sie verschwindet nicht, sondern sie verändert sich, sie wird zu etwas anderem. Die gleiche Energie, die Eifersucht war, wird Glückseligkeit – genau die gleiche Energie.

Aus „*Mir* gehört sie/er“ wird: „Allen gehört sie/er“. Es ist die gleiche Energie, genau die gleiche!

Aber ihr müßt weitermachen, meine Freunde. Du mußt daran arbeiten, Mudita. Bei einigen von euch geht das ganz gut vorwärts, manchmal sehe ich euch an – und ich sagte 'Mudita', weil sie heute wirklich schön aussah. Aber ich sehe sie in diesem Zustand, und dann sehe ich ihn verschwinden. Du mußt dranbleiben. Nicht besessen, siehst du, aber du mußt dranbleiben, du mußt ganz fest dazu entschlossen sein.

Wenn ihr nicht versucht, den tiefsten Punkt eurer Authentizität zu erreichen, wenn ihr euch damit zufrieden gebt, auf einer bestimmten Ebene zu leben, dann braucht ihr nicht auf alles zu hören, was ich sage. Ihr könnt einfach herauspicken, was euch auf dieser Ebene hilft. Ich spreche nur zu denen, die total auf der Reise sind. Ihr könnt sein wie der Mann von der Kneipe und sagen: „Nun, das ist der Punkt, an dem ich in meinem Leben bin. Das bin ich. Im nächsten Leben werde ich als etwas anderes zurückkommen – als ein wirklicher Sucher vielleicht. Aber in diesem Leben will ich mich nicht darum kümmern." Das kannst du tun. Und wenn ich sehe, daß ihr euch so verhaltet, mische ich mich nicht ein. Wenn ich jemanden hart hernehme, wie ich es mit einigen von euch mache, wenn ich einen wirklich hart treffe, tue ich es, weil ich sehe, daß dieser Mensch grundsätzlich in der Lage ist, den ganzen Weg zu gehen. Es ist *in* ihm. Ihr könnt euch also geehrt fühlen, wenn ich hart zu euch bin. Einige Leute schlage ich nie, denn ich fühle: das ist vielleicht nicht das Richtige für sie. Aber wenn ich eine Bewegung sehe, dann ist die Sache anders.

Ich sage nicht, daß jeder bis auf den Grund seines Wesens authentisch sein muß. Das ist unmöglich. Aber das Potential ist da, auch wenn es unerreichbar erscheint.

Glossar

Die meisten der in diesem Buch verwendeten Begriffe sind allgemein bekannt. Auch die gelegentlich benutzten orientalischen Wörter wie „Karma", „Tao" und „Zen" sind mittlerweile ein Teil des allgemeinen Sprachgebrauchs; man kann sie in deutschen Wörterbüchern finden. Hier führen wir nur einige Begriffe auf, über die man als Leser stolpern könnte und die charakteristisch für die Arbeit in der Wild Goose Company sind.

Alchemy
Name einer Gemeinschaft, in der Michael während seiner letzten Jahre in der Sannyas-Bewegung arbeitete (frühe 80er Jahre). Die Arbeit in Alchemy ging ihre eigenen Wege und glich vermutlich schon mehr der Wild Goose Company als einer Rajneesh-Commune. Alchemy endete mit einem Bruch zwischen Michael und der Sannyas-Bewegung.

Ashram
Spirituelle Wohn- und Lebensgemeinschaft

Bhagwan
Bhagwan Shree Rajneesh ist bekannt – im Westen ist er vermutlich der bekannteste aller indischen Gurus. Er war Michaels Lehrer und Meister, und Michael war acht Jahre lang eine führende Gestalt und ein Top-Therapeut in Bhagwans Bewegung.

Bodyflow
Eine der meistpraktizierten Wild Goose Meditationen. Im Bodyflow gestattet man seinem Körper, dem ganzen Energiesystem, auf die umgebenden Energieströme zu reagieren und sich mit ihnen zu bewegen. Eine freie Bewegung mit intensiver Bewußtheit – eine tiefe Meditation, die eine Brücke zwischen dem Selbst und dem Kosmos bildet.

Energie
Nach den Theorien moderner Physiker besteht alles aus Energie. Michael verwendet diesen Begriff für den „Grundstoff" oder Grundimpuls in Erfahrungen, Gedanken, Gefühlen. Wenn man das im Hier und Jetzt auskostet, ist es einfach Energie. Auf diese Ebene zu gehen, ist ein direkter Weg, loszulassen und sich zu entspannen, total zu sein – ein grundlegender Ansatz in Michaels Arbeit.

Energiefeld
Menschen, die durch Energiemuster verbunden sind, auf positive oder negative Art, bewußt oder unbewußt. Nach Michael sind Kulturen und Subkulturen Energiefelder. Der Begriff bezieht sich aber gewöhnlich auf „positive Energiefelder“, auf eine Gruppe von Menschen, die auf einer Energieebene in Kontakt stehen, um sich gegenseitig im Wachstum zu unterstützen.

gatha
Sanskrit-Bezeichnung für ein spirituelles Gedicht.

Goose / Geese / Wild Geese
Menschen, die sich mit Michael und der Wild Goose Company sehr verbunden fühlen und einen Goose Namen bekommen haben.

Goose Namen
Diese Namen kommen aus dem Sanskrit, dem Chinesischen oder entspringen anderen Quellen, und Michael hat sie den Leuten gegeben, die ihn darum gebeten haben. Anders als in den klassischen, östlichen Formen des Meister-Schüler-Verhältnisses ist dies eine sehr offene und unschulische Art der Verbindung. Die Namen dienen als Erinnerung und als Kanal für eine tiefe Verbindung und bringen keinerlei Verpflichtungen hinsichtlich einer bestimmten Lebensart und des Gebrauchs des Namens mit sich.

Goose Zahlen
Die Zahlen 7, 11, 16 und 27 – vom Kosmos ausgewählt, im Kasino noch nicht erprobt.

Growth Movement
Eine Bewegung in der Psychologie, die in den fünfziger und sechziger Jahren entstand und eng mit Therapeuten wie Janov, Lowen, Maslov und dem Zentrum Esalen in Kalifornien verbunden ist. Gemeinsam ist die Ansicht, daß die Psychologie nicht nur die Aufgabe hat, Krankheiten zu heilen (wie Freud annahm), sondern auch, das menschliche Potential zur vollen Entfaltung zu bringen.

Gruppen
Happenings oder Workshops mit Energiearbeit; sie werden von Michael oder einem der „Energie-Therapeuten“, die er ausbildet, geleitet. Diese Gruppen sind eine Möglichkeit, um mit seiner Arbeit in Kontakt zu kommen. Der Stil dieser Gruppen an sich ist schon ein Anziehungspunkt: eine Kombination von Stille und Diskomusik, Meditation und Körperarbeit, Bewußtheit und Feiern, Methode und Spontaneität, Ost und West.

leela
Das kosmische Spiel

Meditation der drei Ebenen / Three Level Meditation
Ein Modell, das Michael häufig verwendet, um eine Bewegung aufzuzeigen, die man jederzeit machen kann – hin zu einer Erfahrungsebene, die näher an der Basis und an der Ganzheit ist:

Die erste Ebene ist die gewöhnliche Erfahrung durch den wertenden Verstand.

Die zweite Ebene ist das Auskosten dessen, was man die *eigentliche* Erfahrung nennen könnte, die Gefühle, die körperlichen Empfindungen. Man kann das lernen.

Die dritte Ebene ist, so total in diesem Auskosten zu sein, daß man erkennt, daß alles Energie ist, Einheit, Ganzheit.
Man muß lernen, dafür offen zu sein.
Die Drei-Ebenen-Meditation bewegt sich zwischen diesen drei Ebenen.

Newsletter
„New Nation News", die Zeitung der Wild Goose Company.

Null und Eins / Zero and One
Null: das Unbegrenzte, Transpersonale, Raum, reine Energie
Eins: das Manifeste, Individuelle, Begrenzte, die Formen der Energie.

Rigigruppe
Die Rigi ist ein Berg in der Schweiz, auf dem mehrmals Gruppen mit Michael Barnett stattgefunden haben.

Sannyas / Sannyasin
In der klassischen indischen Gebrauchsweise bedeutet dieses Wort Mönch, Schüler, Jünger. Hier bezieht es sich auf Bhagwans Schüler; in diesem Umfeld hat der Begriff eine neue und weniger mönchische Bedeutung erhalten, aber er behält die Grundbedeutung der totalen Hingabe und Unterordnung unter den Meister.

Space
Der englische Begriff 'Space' hat im Deutschen keine rechte Entsprechung. Mit 'Raum' übersetzt, trifft man nur annähernd die ihm innewohnende Qualität, eine psychische, ja spirituelle Ausdehnung zu beschreiben. 'Space' impliziert den Raum, in dem die Unendlichkeit Platz findet, was in sich widersprüchlich ist. 'Space' kann auch im Sinne von 'Zustand' verwendet werden.

Tao Walk
Eine Wild Goose Meditation. In dieser Meditation geht man einfach auf einen Spaziergang (walk), ohne sich an ein Ziel, an eine Richtung oder an eine Vorstellung davon, was ein Spaziergang ist, zu halten. Man läßt sich einfach auf das ein, was passiert.

tuning-in
Deine natürliche Resonanz finden; total mit jemandem oder mit etwas zu sein. Auch: das tägliche „Tuning In", das zwischen 19.00 Uhr und 19.45 Uhr stattfindet – jeder stimmt sich ein und trägt so zum Wild Goose Energiefeld bei, einfach durch Bewußtheit.

The Wild Goose Company
(rechtliche Bezeichnung: The Wild Goose Company Association)
Ein Energie-Netzwerk, das Michael initiierte. Menschen auf der ganzen Welt, die auf einer Energieebene verbunden sind – ein „globaler Ashram". Es ist auch der Name einer Organisation, die diese Arbeit unterstützt und erweitert.

Über den Autor

Michael Barnett wurde 1930 in London geboren. Nach einem Mathematik- und Jurastudium begann er eine erfolgreiche Karriere als Geschäftsmann, die etwa zehn Jahre dauern sollte. Es folgte eine Weltreise, von der er erst nach vier Jahren zurückkehrte. Wieder in England, begann er sich der Psychotherapie zu widmen.

Er war der Initiator der Anti-Psychiatriebewegung „People Not Psychiatry" und richtete in London ein Therapiezentrum ein.

In seinem ersten, gleichnamigen Buch „People Not Psychiatry" (erschienen 1973) legte er Grundprinzipien einer menschlichen Psychiatrie dar und beeinflußte damit die Therapie-Szene im Westen nachhaltig.

Trotz seiner erfolgreichen Arbeit erkannte er die Begrenztheit seiner Möglichkeiten. Wie viele andere Therapeuten wurde er in dieser Situation von den Lehren des umstrittenen indischen Meisters Bhagwan Shree Rajneesh berührt und ließ alles zurück, um ihm nach Poona zu folgen. Dort wurde er unter dem Namen „Somendra", den Bhagwan ihm gegeben hatte, zu einem der „Startherapeuten" und lebte mehrere Jahre in Bhagwans Kommune. Noch während seiner Zeit als Sannyasin, die acht Jahre währte, baute er in London und später in Brüssel ein neues Institut auf – „Alchemy". 1982 legte er seinen Initiationsnamen ab, das Alchemy-Institut wurde aufgelöst, und Michael Barnett begann, unabhängig von der Sannyas-Bewegung, seine Therapiegruppen in ganz Europa zu organisieren.

Im Sommer 1984, während einer seiner Energiegruppen, hatte er ein Erleuchtungserlebnis, das sein Leben veränderte und seiner Arbeit eine andere Dimension gab. Kurz danach gründete er die „Wild Goose Company", in der er seine Schüler vereinigte.

Michael Barnetts Arbeit und die Wild Goose Company

Michael Barnett hat ein breites Spektrum von speziellen Techniken und Methoden entwickelt für inneres Wachstum auf dem spirituellen Weg. Dabei geschieht die direkte Übermittlung von Meditation und höheren Bewußtseinsebenen durch Energieübertragung; durch die Intensität von Michaels Präsenz springt der Funke über.

Einen guten ersten Eindruck davon gewinnt man durch Anhören eines Talks, Michaels informelle Ansprachen an seine Schüler. Wer sich entspannt in den Rhythmus der Sprache fallen läßt, erlebt spontan ein Stück Meditation. Über dreihundert Titel zu einer Vielzahl von Themen stehen inzwischen auf Kassetten zur Verfügung. Noch stärker wird der Eindruck auf den Videos von Michaels Talks und seiner Arbeit in den Gruppen. Zur Zeit umfaßt unser Angebot über zwanzig Titel auf VHS-Videokassetten.

Die Wild Goose Meditationen und Wild Goose Energiegruppen geben einen Einblick in Michaels spezielle Art der Meditation und spirituellen Therapie. Die Meditationen werden regelmäßig in den Wild Goose Energy Centres in vielen Städten Europas angeboten. Unter der Leitung von authorisierten Therapeuten finden hier auch die regionalen Wild Goose Energiegruppen statt.

Michael selbst leitet die großen, überregionalen Gruppen in Europa, USA und Australien. Hier gibt es „Energie pur", direkt von der Quelle. Wer bereit ist „zu springen", für den öffnen sich neue Bewußtseinsebenen – die Möglichkeit, sich selbst und andere frisch und neu zu erfahren, jenseits eingefahrener Verhaltensweisen, Persönlichkeits- und Streßmuster. Wenn sich alte Blockierungen lösen, spürt man mehr Energie, Gesundheit und Lebensfreude. „Energywork" ist die von Michael Barnett entwickelte Methode, seine besondere Art, direkt mit kosmischer Energie zu arbeiten. Er hilft anderen Menschen, mit dieser Energie in Kontakt zu kommen und sie für ihren Weg zu nützen.

Seit einigen Jahren führt Michael die Wild Goose Therapist Trainings durch. Für alle, die seine Energiekunst lernen wollen, um therapeutisch mit anderen zu arbeiten, und auch für diejenigen, die ohne therapeutische Ambitionen für sich lernen wollen, ihr Leben authentischer zu gestalten.

Seit Frühjahr 1988 besteht die Michael Barnett Energy University. Ideal gelegen, direkt am Lago Maggiore, ist sie ein Brennpunkt vielfältiger Aktivitäten. Hier finden die Therapeutentrainings und auch andere Gruppen statt. Quasi Energie-Werkstatt und -Forum zugleich: die richtige Adresse für alle, die auf der Suche sind und wachsen wollen.

Über Neuigkeiten informiert die „New Nation News", die Zeitung der Wild Goose Company. Hier finden Sie wichtige, neue Talks und Gedichte von Michael und viele andere Beiträge über aktuelle Themen und Aktivitäten.

Die richtige Musik spielt eine große Rolle in der Wild Goose Company. Unsere Musiker, „The Ferrymen", komponieren ihre Songs zu Texten von Michael Barnett. Wild Goose Musik zieht einen unwillkürlich in ihren Bann: ein spontaner Zugang zur Meditation, zum Erleben eines Zustandes, den wir Energie-Space nennen.

Für alle weiteren Informationen über unser gesamtes Angebot an Veranstaltungen, sowie über den Bezug unserer Bücher, der Zeitung und der verschiedenen Kassetten (Wild Goose Musik, Talks, Videos) wenden Sie sich bitte an:

The Wild Goose Company Association
Postfach 315
CH – 8044 Zürich
Schweiz